21世纪高等职业教育创新型精品规划教材(汽车类)

汽车底盘电控技术实训教程

Practice Training Tutorial for Automotive Chassis Electronic Control System

主　编　孙　涛
副主编　纪建平　车丽丽
参　编　韩以伦　付贺阳　李臣华
白秀秀　张黎黎　王　新
潘业东　王永浩　葛福成
刘宏峰　何　雪　杜晓辉
潘庆玉

内容提要

本书是汽车实训项目教学法系列教程之一，主要内容有电子控制制动防抱死系统工作过程，电子控制制动防抱死系统结构与检测，电控悬架系统故障码的读取与清除，电控悬架系统结构及工作过程，助力转向系统的结构与工作演示，电子控制自动变速器的结构与拆装，自动变速器的控制原理及工作演示，自动变速器电控系统故障的自诊断，自动变速器零件的检修，自动变速器油的检查，自动变速器的失速实验，丰田公司自动变速器的检测，安全气囊系统的结构及工作过程，安全气囊系统故障的自诊断与检修，电控巡航系统的工作过程、操作以及故障诊断等15个项目。

本书可作为高职高专院校汽车运用与维修专业技能型人才培训的教学用书，也可以作为各类汽车职业培训用书。

图书在版编目(CIP)数据

汽车底盘电控技术实训教程/孙涛主编．—天津：天津大学出版社，2010.1

21世纪高等职业教育创新型精品规划教材．汽车类

ISBN 978-7-5618-3248-6

Ⅰ．汽…　Ⅱ．孙…　Ⅲ．汽车-底盘-电气控制系统-高等学校：技术学校-教材　Ⅳ．U463.6

中国版本图书馆CIP数据核字(2009)第184343号

出版发行　天津大学出版社
出 版 人　杨欢
地　　址　天津市卫津路92号天津大学内(邮编：300072)
电　　话　发行部：022-27403647　邮购部：022-27402742
网　　址　www.tjup.com
印　　刷　天津泰宇印务有限公司
经　　销　全国各地新华书店
开　　本　169mm×239mm
印　　张　12.25
字　　数　262千
版　　次　2010年1月第1版
印　　次　2010年1月第1次
印　　数　1-3 000
定　　价　26.00元

前　言

一、方案设计思路

“从做中学”是职业教育区别于普通教育的根本特征，坚持以能力为本，是真正办职业教育的体现。为此，按职业活动和要求去设置教学内容，按实际工作任务、工作过程和工作情景组织课程，形成围绕工作要求的新型教学与训练项目，以达到“知识总量没有变化，但知识排序的方式发生变化”的课程开发改革的要求。项目教学法是加强学生的实习实践能力培养的新教学法，体现了对学生的自我实践和独立思考解决问题等方面的培养。

因而在本项目教学方案中，通过教师设置具有实际应用价值的任务项目，指导学生通过“确定任务—制订任务计划—实施计划—进行质量控制与检测—评定反馈”整个工作进程，来提高学生学习的主动性、积极性，形成学生独立思考解决问题的习惯，积累学生自己的学习和实践经验，展示学生自我管理、自我学习的能力，培养学生的创造能力。

二、本课程项目名称

①电子控制制动防抱死系统工作过程。

②电子控制制动防抱死系统结构与检测。

③电控悬架系统故障码的读取与清除。

④电控悬架系统结构及工作过程。

⑤助力转向系统的结构与工作演示。

⑥电子控制自动变速器的结构与拆装。

⑦自动变速器的控制原理及工作演示。

⑧自动变速器电控系统故障的自诊断。

⑨自动变速器零件的检修。

⑩自动变速器油的检查。

⑪自动变速器的失速实验。

⑫丰田公司电控自动变速器的检测。

⑬安全气囊系统的结构及工作过程。

⑭安全气囊系统故障的自诊断与检修。

⑮电控巡航系统的工作过程、操作以及故障诊断。

三、项目教学进程步骤

①任务阶段：教师布置任务，帮助学生理解任务，知道自己要做什么，需要掌握哪方面的知识，练习哪方面的技能，达到什么样的目标。

②计划阶段：学生一般以组的方式工作，制订工作计划。

③实施阶段：教师演示，学生旁看提问；学生操作，完成计划任务，教师观看指导。

④检查阶段:学生自行检查实训过程,结果分析。

⑤评价总结阶段:自我评价,同时与组内其他同学相互总结讨论,交流心得,并按标准实施各种方式的考核。

四、项目实施注意事项

①注意激发学生学习积极性,激励学生收集有关资料,并把所学知识与实际生活结合起来。

②注意树立学生自信心,让其更加了解自己,并注意相互学习。

③教师注意考虑学生实际情况,注意分层教学。

④教师对学生在整个过程中的表现予以评价,对学生在动手训练过程中出现的问题要及时纠正。

本书由烟台汽车工程职业学院孙涛担任主编,纪建平、车丽丽担任副主编,参编人员有山东科技大学的韩以伦教授,烟台汽车工程职业学院的付贺阳、李臣华、白秀秀、张黎黎、王新、潘业东、王永浩、葛福成、刘宏峰、何雪、杜晓辉、潘庆玉。烟台汽车工程职业学院的邹德伟主任提出了许多宝贵意见和建议,在此表示衷心的感谢。

编　者

2009 年 10 月 30 日

目　　录

项目一　电子控制制动防抱死系统工作过程

第一步：布置任务

一、项目要求

①项目名称：电子控制制动防抱死系统（ABS）工作过程。

②计划课时：10。

③器材及工具准备：

A. 汽车专用万用表 1 个，电脑 1 台；

B. ABS 教学实验台 3 台；

C. 投影机以及相应导线插座。

二、教学主要内容及目的

①掌握 ABS 系统的工作原理。

②掌握实验台的各部分名称，以及制动过程的演示方法。

③教学过程中注意学生综合素质的提高，特别是学生的创新能力和动手操作能力的培养。

三、相关知识准备

1. ABS 的作用

汽车在制动过程中，当制动器制动力大于轮胎-道路附着力时，车轮就会抱死滑移。只有汽车具有足够的制动器制动力，同时地面又能提供较大的附着力时，汽车才能获得较好的制动效果。在汽车制动时，除车轮旋转平面的纵向附着力外，还有垂直于车轮旋转平面的侧向附着力。

在汽车制动过程中，纵向附着力决定汽车的纵向运动，影响汽车的制动距离；侧向附着力决定汽车的侧向运动，影响汽车的方向稳定性和转向操纵能力。

当汽车匀速行驶时，实际车速 v（即车轮中心的纵向速度）与车轮速度 V_w（即车轮瞬时圆周速度）相等，车轮在路面上的运动为纯滚动运动。然而，在汽车实际运行过程中，当驾驶员踩下制动踏板后，在制动器摩擦力矩的作用下，车轮的角速度减小，实际车速与车轮速度之间就会产生一个速度差，轮胎与地面之间就会产生相对滑移。

轮胎滑移的程度用滑移率 S 来表示。车轮滑移率是指实际车速 v 与车轮速度 V_w 之差同实际车速 v 的比值，其表达式为

$$S=\left(\frac{v-V_w}{v}\right)\times 100\%=\left(1-\frac{V_w}{v}\right)\times 100\%=\left(1-\frac{r\omega}{v}\right)\times 100\%$$

式中，S 为车轮滑移率；v 为车速（车轮中心纵向速度，m/s）；V_w 为车轮速度（车轮瞬

时圆周速度，$V_w = r\omega$，m/s）；r 为车轮半径（m）；ω 为车轮转动角速度（rad/s）。

当 $v=V_w$ 时，滑移率 $S=0$，车轮自由滚动；当 $V_w=0$ 时，滑移率 $S=100\%$，车轮完全抱死滑移；当 $v>V_w$ 时，滑移率 $0<S<100\%$，车轮既滚动又滑移。

滑移率越大，车轮滑移程度越大。实验证明，在地面附着条件差（例如在冰雪路面上制动）的情况下，由于道路附着力很小，使可以得到的最大地面制动力减小。因此，在制动踏板力（或制动分泵压力）很小时，地面制动力就会达到最大附着力，车轮就会抱死滑移。

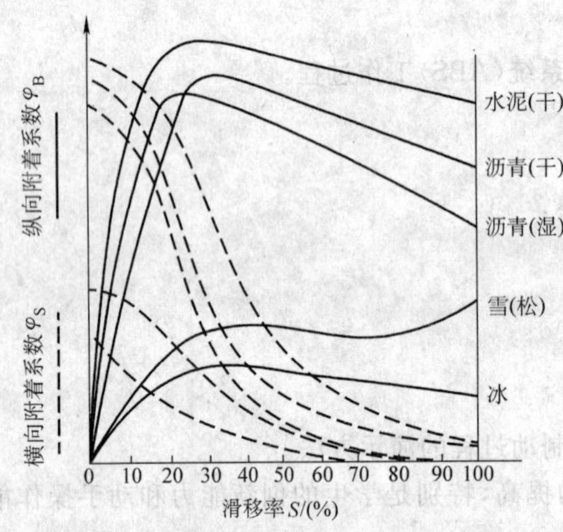

图 1.1　附着系数与滑移率之间的关系

附着系数与滑移率之间的关系如图 1.1 所示，由图可见：

①附着系数取决于路面性质。一般干燥路面附着系数大，潮湿路面附着系数小，冰雪路面附着系数更小。在制动过程中，车轮抱死滑移的根本原因是制动器制动力大于轮胎-道路附着力。

②在各种路面上，附着系数都随滑移率的变化而变化。

③在各种路面上，当滑移率为 20%左右时，纵向附着系数最大，制动效果最好。

纵向附着系数最大时的滑移率称为理想滑移率或最佳滑移率。当滑移率超过理想滑移率时，纵向附着系数减小，产生的地面制动力随之下降，制动距离将增长。滑移率大于理想滑移率后的区域称为非稳定制动区域或非稳定区，如图 1.2 所示。

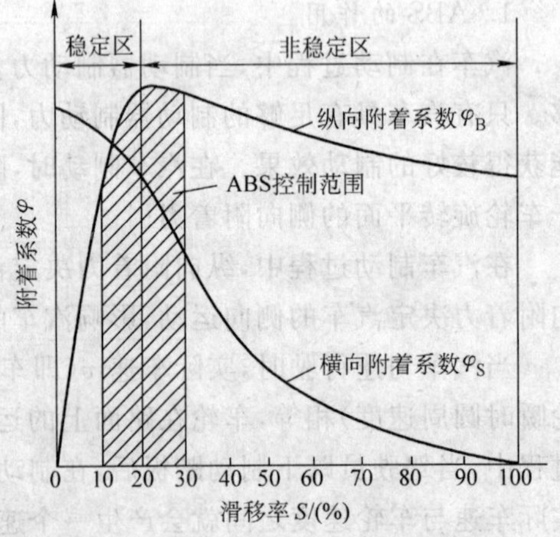

图 1.2　硬路附着系数与滑移率关系

横向附着系数越大，汽车制动时的方向稳定性和保持转向控制的能力越强。当滑移率为零时，横向附着系数最大；随着滑移率的增加，横向附着系数逐渐减小。当车轮抱死时，横向附着系数接近于零，汽车将失去方向稳定性和转向控制能力，其危害极大。

如果前轮抱死，虽然汽车能沿直线向前行驶，但是失去转向控制能力。由于前轮维持转弯运动能力的横向附着力丧失，因此，汽车仍将按原行驶方向滑行，可能冲入其他车道与车辆相撞或冲出路面与障碍物相撞而发生恶性交通事故。

如果后轮抱死，汽车的制动稳定性就会变差，抵抗横向外力的能力很弱，后轮稍有外力(如侧向风力或地面障碍物阻力)作用就会发生侧滑(甩尾)，甚至出现调头(即突然出现180°转弯)等危险现象。

综上所述，为了获得最佳制动性能，应将滑移率控制在10%到30%范围内。因此，通过采用ABS，使汽车在制动过程中自动调节车轮的制动力，防止车轮抱死滑移，从而缩短制动距离，提高方向稳定性，增强转向控制能力，减少交通事故的发生。

2. 循环式制动压力调节装置的工作原理

循环式制动压力调节装置是在汽车原有的制动管路中串联装入电磁控制阀，直接控制制动压力的增减。循环式制动压力调节装置主要由电磁控制阀、液压泵和储液器等组成。其工作原理如下。

1)普通制动模式(ABS不工作)

在普通制动模式中，根据ECU(电控单元)的指令，电磁线圈不通电，电磁线圈没有电流，电磁阀中的柱塞处于如图1.3所示位置。制动主缸与制动轮缸的管路经电磁阀相连通，液压泵不工作。这样来自制动主缸的制动液就经电磁阀进入制动轮缸，制动轮缸的压力随制动主缸的压力变化而变化，即制动主缸可随时控制制动压力的增减。

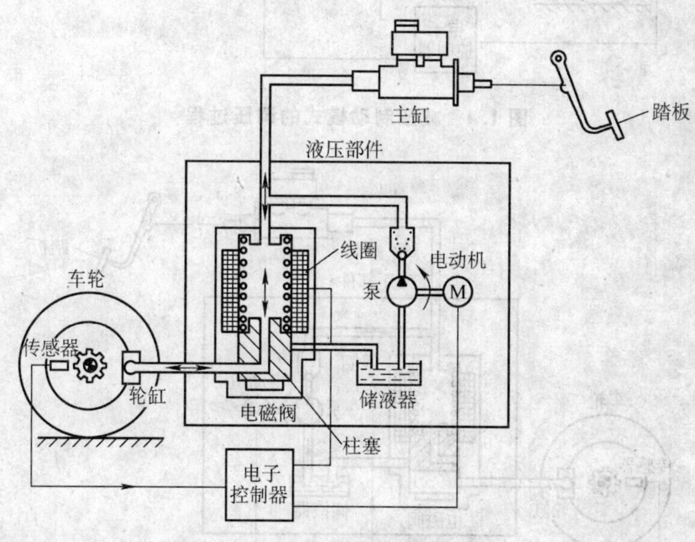

图1.3　普通制动模式的调压过程

2)减压制动模式

当制动轮缸需要减压时，ECU发出指令，使电磁线圈通入较大的电流，电磁阀中的柱塞在电磁力的作用下移至上端，如图1.4所示。此时制动主缸和制动轮缸的管路被切断，并将制动轮缸的管路与通向储液器的管路接通，制动轮缸的制动液就流入储液器，从而减小了该车轮的制动压力。同时启动液压泵，将流回储液器的制动液加压后输送到蓄压器或制动主缸，为下一个制动周期做好准备工作。

这种液压泵叫再循环泵，它的作用是把减压过程中的制动轮缸流回的制动液送回高压端，这样可以防止 ABS 工作时踏板行程发生变化。因此，在 ABS 工作过程中液压泵必须处于常开状态。

3)保压制动模式

当制动轮缸需要保持制动压力时，根据 ECU 的指令，给电磁线圈通入较小的电流，电磁阀中的柱塞移至图 1.5 所示的中间位置。所有的通道都被关闭，同时切断液压泵电动机的电源使液压泵停止工作，制动轮缸内的制动压力保持原有状态。

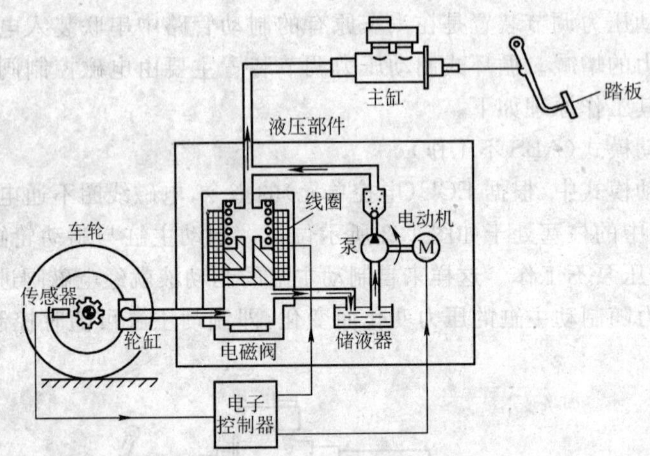

图 1.4　减压制动模式的调压过程

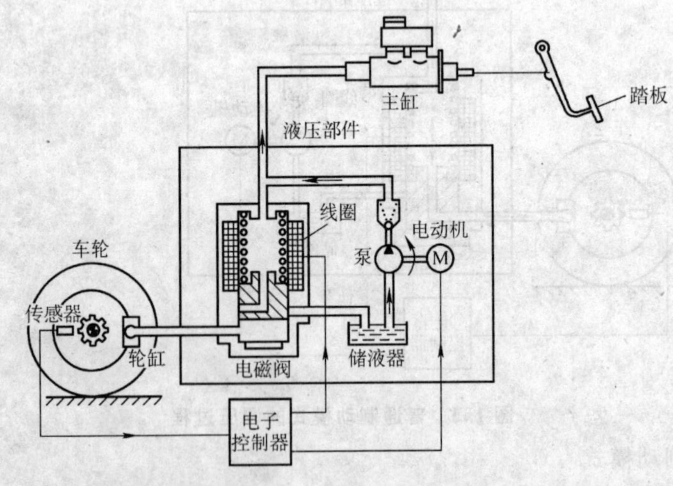

图 1.5　保压制动模式的调压过程

4)增压制动模式

当制动轮缸需要增加制动压力时，ECU 发出指令，使电磁线圈断电，电磁阀中的柱塞又回到普通制动模式时的初始位置。

制动主缸和制动轮缸的管路再次相通，制动主缸和液压泵输出的制动液再次进入制动轮缸，增加了制动压力，如图 1.6 所示。增压的速度可以通过电磁阀的进出油口的制动液流速来控制。

这种直接控制式的调压装置结构简单、灵敏性较好，目前大多数汽车的液压制动系统 ABS 都采用这种压力调节方式。但当液压泵工作时，高压制动液返回制动主缸或增压过程制动液从制动主缸流回制动轮缸的瞬间，制动踏板行程均会发生变化(称为踏板反应)。这种反应能让驾驶员知道 ABS 已经开始工作。

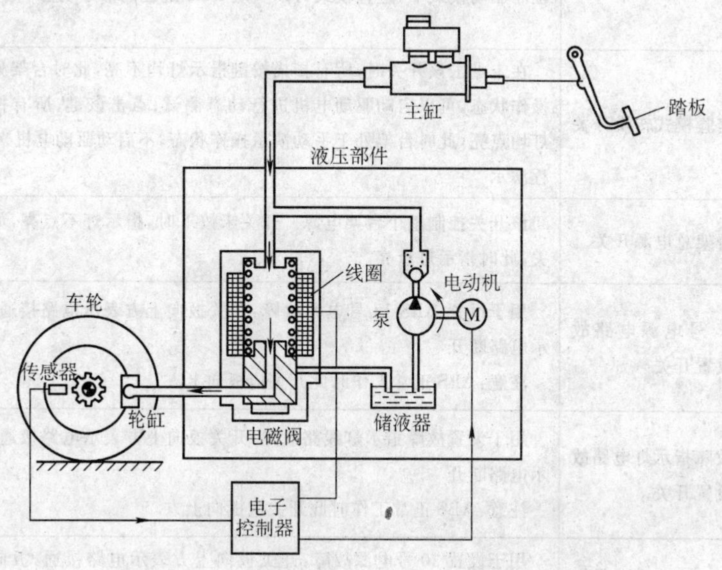

图 1.6 增压制动模式的调压过程

四、操作步骤

本课程选用大众车系的 ABS 系统改装的实验台(如图 1.7)。该实验台架经喷塑处理，采用喷砂铝板作为控制面板和显示面板；显示面板用图解和灯光显示 ABS 系统的工作过程；指针式压力表显示系统工作过程中分泵压力的变化过程；高清晰数字表显示系统工作过程中车轮转速的变化；连接的汽车专用解码器，支持通信检测功能；用手动控制车轮的制动防抱死过程，便于理解 ABS 的工作原理。控制面板上绘有 ABS 系统的电路图，便于进行电路分析。电源电压 380 V 交流，面板电压 12 V 直流。实验台尺寸为

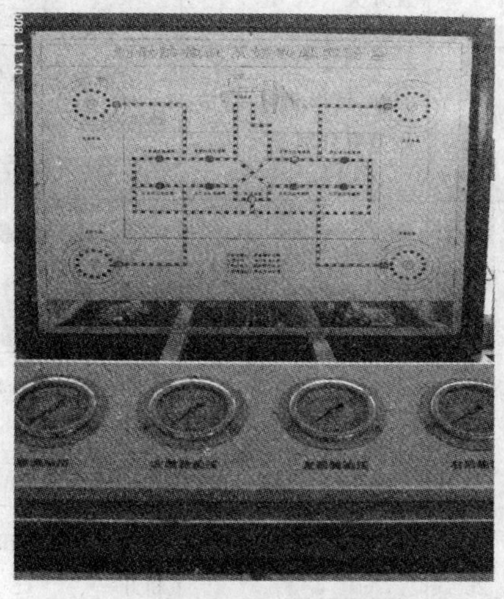

图 1.7 制动防抱死系统教学实验台

1 065mm×1 800mm×1 800mm。

实验台开关操作说明如表 1.1 所示。

表 1.1 开关操作说明

序号	名称	作用
1	实验模式/原车模式转换开关	按下该开关，电源接通，指示灯点亮，此时台架运行处于原车电脑程序驱动模式下。这种模式主要为实现解码器的自诊断功能，不能用于驱动台架 再次按下该开关，电源断开，指示灯熄灭，此时台架运行处于自编单片机程序驱动模式下，这种模式可以实现 ABS 过程的演示功能和手动操作功能
2	实验模式转换开关	在未点击该开关时，所有扫描按键指示灯均不亮，此时台架处于自动演示操作状态，可以启动驱动电机进行动态测试；点击该键，所有扫描按键指示灯均点亮，此时台架处于手动演示操作状态，不启动驱动电机来进行 ABS 过程演示
12	台架总电源开关	该开关控制整个台架电源。开关未按下时，指示灯不点亮，如果按下该开关，此时指示灯点亮
13	15 号电源电路故障设置开关	用于设置 ABS 15 号电源故障：开关扳向上方表示电路接通，扳向下方表示电路断开 注意：ABS 正常工作时此开关应扳向上方
14	故障指示灯电路故障设置开关	用于设置故障指示灯线路故障：开关扳向上方表示电路接通，扳向下方表示电路断开 注意：ABS 正常工作时此开关应扳向上方
15	30 号电源故障设置开关	用于设置 30 号电源故障：开关扳向上方表示电路接通，扳向下方表示电路断开 注意：ABS 正常工作时此开关应扳向上方
16	30 号电源电路故障设置开关	用于设置 30 号电源故障：开关扳向上方表示电路接通，扳向下方表示电路断开 注意：ABS 正常工作时此开关应扳向上方
17－24	转速传感器信号电路故障设置开关	用于设置传感器故障：开关扳向上方表示电路接通，扳向下方表示电路断开 注意：ABS 正常工作时传感器断路开关应扳向上方
25	ABS 接地电路故障设置开关	用于设置 ABS 接地故障：开关扳向上方表示电路接通，扳向下方表示电路断开 注意：ABS 正常工作时此开关应扳向上方
26	ABS 接地电路故障设置开关	用于设置 ABS 接地故障：开关扳向上方表示电路接通，扳向下方表示电路断开 注意：ABS 正常工作时此开关应扳向上方

(一)手动操作步骤

1. 左前轮 ABS 工作过程演示

1)左前轮油压建立过程演示

①关闭驱动电机。

②按下按钮开关 2(实验模式转换开关),使所有扫描键指示灯熄灭。

③反复踏下制动踏板,观察左前轮制动油压表的变化情况,此时制动油压应随制动踏板力的大小改变而改变。

2)左前轮油压保持过程演示

①踏下制动踏板,当压力到达 1 MPa 时(注意:不要松开制动踏板),按下按钮 7(左前轮进油电磁阀控制按钮),左前轮进油电磁阀通电工作,阀门关闭,同时显示面板上对应指示灯亮。

②不要松开踏板,继续加力,此时左前轮的油压表压力不再上升,而其他轮的油压表压力随踏板加力升高而升高。

3)左前轮泄压过程演示

①先将按钮 3、4、5、6、9、10 按下,使右前、左后、右后轮的进、出油电磁阀通电,对应指示灯亮。

②踏下制动踏板,再按下按钮 8(左前轮出油电磁阀控制按钮)。注意:此时按钮 7 仍处于油压保持状态。此时左前轮进油电磁阀通电工作,阀门关闭,左前轮出油电磁阀通电工作,阀门打开,显示面板上相应的指示灯亮。

③再按下按钮 11(加压油泵启动控制按钮),加压油泵开始运转,同时显示面板上 ABS 加压油泵指示灯亮。(注意:电机运转时间不能太长)

④此时,左前轮油压表压力下降为零,制动踏板有反弹顶脚的感觉。

4)左前轮增压过程演示

①按钮 3、4、5、6、9、10 仍处于按下的状态,对应指示灯亮。

②踏下制动踏板不放,再按下按钮 8 和按钮 7,此时左前轮出油电磁阀关闭,进油电磁阀打开,显示面板上对应指示灯熄灭。

③再按下按钮 11,加压泵电机开始运转,同时显示面板上对应指示灯亮。(注意:电机运转时间不能太长)

④此时,左前轮油压表随加压泵的运转而压力升高,踏板有反弹顶脚的感觉。

2. 右前轮 ABS 工作过程演示

1)右前轮油压建立过程演示

①关闭驱动电机。

②点击按钮开关 2,使所有扫描键指示灯熄灭。

③反复踏下制动踏板,观察右前轮制动油压表的变化情况,此时制动油压应随制动踏板力的大小改变而改变。

2)右前轮油压保持过程演示

①踏下制动踏板,当压力达到 1 MPa 时(注意:不要松开制动踏板),按下按钮 3 键(右前轮进油电磁阀控制按钮),右前轮进油电磁阀通电工作,阀门关闭,同时显示面板上对应指示灯亮。

②不要松开踏板,继续加力,此时右前轮的油压表压力不再上升,而其他轮的油压表压力随踏板加力升高而升高。

3)右前轮泄压过程演示

①先将按钮 5、6、7、8、9、10 按下,使左前、左后、右后轮的进、出油电磁阀通电,对应指示灯亮。

②踏下制动踏板,再按下按钮 4(右前轮出油电磁阀控制按钮)。注意:此时按钮 3 仍处于油压保持状态。此时右前轮进油电磁阀通电工作,阀门关闭,右前轮出油电磁阀通电工作,阀门打开,显示面板上相应的指示灯亮。

③再按下按钮 11(加压油泵启动控制按钮),加压油泵开始运转,同时显示面板上加压油泵指示灯亮。(注意:电机运转时间不能太长)

④此时,右前轮油压表压力下降为零,制动踏板有反弹顶脚的感觉。

4)右前轮增压过程演示

①按钮 5、6、7、8、9、10 仍处于按下状态,对应指示灯亮。

②踏下制动踏板不放,再按下按钮 4 和按钮 3,此时右前轮出油电磁阀关闭,进油电磁阀打开,同时显示面板上对应指示灯熄灭。

③再按下按钮 11,加压泵电机开始运转,同时显示面板上对应指示灯亮。(注意:电机运转时间不能太长)

④此时,右前轮油压表会随加压泵的运转而压力升高,同时踏板有反弹顶脚的感觉。

3. 左后轮 ABS 工作过程演示

1)左后轮油压建立过程演示

①关闭驱动电机。

②点击按钮开关 2,使所有扫描指示灯熄灭。

③反复踏下制动踏板,观察左后轮制动油压表的变化情况,此时制动油压应随制动踏板力的大小改变而改变。

2)左后轮油压保持过程演示

①踏下制动踏板,当压力达到 1 MPa 时(注意:不要松开制动踏板),按下按钮 9(左后轮进油电磁阀控制按钮),左后轮进油电磁阀通电工作,阀门关闭,同时显示面板上对应指示灯亮。

②不要松开踏板,继续加力,此时左后轮的油压表压力不再上升,而其他轮的油压表压力随踏板加力升高而升高。

3)左后轮泄压过程演示

①先将按钮3、4、5、6、7、8按下,使左前、右前、右后轮的进、出油电磁阀通电,对应指示灯将亮。

②踏下制动踏板,再按下按钮10(右后轮出油电磁阀控制按钮)。注意:此时按钮9仍处于油压保持状态。此时右后轮进油电磁阀通电工作,阀门关闭,左后轮出油电磁阀通电工作,阀门打开,显示面板上相应的指示灯亮。

③再按下按钮11,加压油泵开始运转,同时显示面板上加压油泵指示灯亮。(注意:电机运转时间不能太长)

④此时,左后轮油压表压力下降为零,制动踏板有反弹顶脚的感觉。

4)左后轮增压过程演示

①按钮3、4、5、6、7、8仍处于压下状态,对应指示灯亮。

②踏下制动踏板不放,再按下按钮10和按钮9,此时右后出油电磁阀关闭,进油电磁阀打开,同时显示面板上对应指示灯灭。

③再按下按钮11,加压泵电机开始运转,同时显示面板上对应指示灯亮。(注意:电机运转时间不能太长)

④此时,左后轮油压表会随加压泵的运转而压力升高,踏板有反弹顶脚的感觉。

4. 右后轮ABS工作过程演示

1)右后轮油压建立过程演示

①关闭驱动电机。

②点击按钮开关2,使所有扫描指示灯灭。

③反复踏下制动踏板,观察左后轮制动油压表的变化情况,此时制动油压应随制动踏板力的大小的改变而改变。

2)右后轮油压保持过程演示

①踏下制动踏板,当压力达到1 MPa时(注意:不要松开制动踏板),按下按钮5(右后轮进油电磁阀控制按钮),右后轮进油电磁阀通电工作,阀门关闭,同时显示面板上对应指示灯亮。

②不要松开踏板,继续加力,此时右后轮的油压表压力不再上升,而其他轮的油压表压力随踏板加力升高而升高。

3)右后轮泄压过程演示

①先将按钮3、4、7、8、9、10按下,使左前、右前、左后轮的进、出油电磁阀通电,对应指示灯亮。

②踏下制动踏板,再按下按钮6(右后轮出油电磁阀控制按钮)。注意:此时按钮5仍处于油压保持状态。此时右后轮进油电磁阀通电工作,阀门关闭,右后轮出油电磁阀通电工作,阀门打开,显示面板上相应的指示灯亮。

③再按下按钮11,加压油泵开始运转,同时显示面板上加压油泵指示灯点亮。(注意:电机运转时间不能太长)

④此时,右后轮油压表压力下降为零,制动踏板有反弹顶脚的感觉。

4)右后轮增压过程演示

①按钮 3、4、7、8、9、10 仍处于压下状态,对应指示灯亮。

②踏下制动踏板不放,再按下按钮 6 和按钮 5,此时右后出油电磁阀关闭,进油电磁阀打开,同时显示面板上对应指示灯熄灭。

③再按下按钮 11,加压泵电机开始运转,同时显示面板上对应指示灯亮。(注意:电机运转时间不能太长)

④此时,右后轮油压表会随加压泵的运转而压力升高,同时踏板有反弹顶脚的感觉。

(二)自动演示操作

①关闭驱动电机。

②点击按钮开关 2,使所有扫描键指示灯点亮,进入演示操作模式。

③按下按钮 3,显示面板上油压建立制动油路指示灯亮,表示制动液通路,同时车轮指示灯所示转速从快到慢变化,表示该过程车轮转速变化。

④按下按钮 4,显示面板上油压保持制动油路指示灯亮,表示制动液通路,同时车轮指示灯所示转速继续变慢,表示该过程车轮转速变化。此时,控制面板对应加压电磁阀通电指示灯点亮。

⑤按下按钮 5,显示面板上油压泄压制动油路指示灯亮,表示制动液通路,同时车轮指示灯显示转速不变,表示该过程车轮转速的变化过程。此时,控制面板对应减压电磁阀和加压泵电机通电,指示灯点亮。

⑥按下按钮 6,显示面板上油压增压制动油路指示灯亮,表示制动液通路,同时车轮指示灯显示转速继续变慢,表示该过程车轮转速变化。此时,控制面板加压泵电机通电运转,对应指示灯点亮。

⑦按钮 7~按钮 10 所示过程与按钮 3~按钮 6 相似,但车轮转速延续变慢,表示制动过程又一个循环。

(三)ABS 控制过程演示

①将所有的故障断路开关接通(扳向上方)。

②按钮 1(实验模式/原车模式转换开关)处于放松未按下状态。

③将点火开关打到启动挡位,驱动电机启动,当电机转速平稳后,踏下制动踏板。

④此时,显示面板上各油路指示灯,各车轮进、出油电磁阀和电机指示灯按 ABS 控制过程接通和关闭,以指示 ABS 工作过程。

⑤踏板明显感觉 ABS 制动过程。

⑥车轮停转,完成制动全过程,显示板停止显示。同时驱动电机自动切断电源。

⑦松开制动踏板后,所有阀门和加压泵电机处于实验准备状态。

第二步:制订计划

教师辅助学生以小组方式,根据课时、人数及教学任务,由学生自己进行信息收集(通过专业书籍、说明书或网络等各种途径查找相关知识资料,复习或学习本项目的相关知识),讨论制订出本项目中课题的工作计划。例如:

<table>
<tr><td rowspan="2">受众分析</td><td>年级</td><td>三年级一学期</td><td>专业</td><td>汽车制造与装配</td><td>人数</td><td>30人/班</td></tr>
<tr><td>学生知识结构</td><td colspan="5">①有一定的逻辑思维能力;
②具有自学能力;
③掌握了 ABS 系统的工作过程等理论知识;
④掌握了 ABS 系统实验台的操作方法</td></tr>
<tr><td rowspan="11">制订计划</td><td rowspan="4">教师布置课题分组</td><td>组别</td><td>课　题</td><td>课时</td><td>人数</td><td>组长</td></tr>
<tr><td>1</td><td>手动操作演示</td><td>4</td><td>10</td><td></td></tr>
<tr><td>2</td><td>自动操作演示</td><td>4</td><td>10</td><td></td></tr>
<tr><td>3</td><td>ABS 控制过程演示</td><td>2</td><td>10</td><td></td></tr>
<tr><td>学生计划</td><td colspan="5">学生根据本项目及组别的课题安排及实训设备情况进行信息收集,制订工作计划。例如:
①根据项目要求写出整个操作过程步骤;(可在实训课前完成)
②根据项目确定所需的工具;
③写出组内分工计划或是轮岗计划</td></tr>
<tr><td>学生展示</td><td colspan="5">每组学生选派一人讲解本组计划,其他组提出不同见解。每组可重新制订计划,定稿后交给教师评价(可在课前学生自行完成,也可由教师组织完成)</td></tr>
<tr><td>教师辅助</td><td colspan="5">教师评价各个计划的可实施性,对不可实施的教师提出指导意见,由学生进行修改。再评价、再修改直到可以实施</td></tr>
<tr><td>实操指导</td><td colspan="5">学生根据自己的计划进行工作,教师观察其操作情况并做指导,及时纠正错误的操作。根据各组的不同情况有针对性地做进一步讲解</td></tr>
<tr><td>岗位轮换</td><td colspan="5">教师控制整个项目的课时,每组课时结束进行课题轮换</td></tr>
<tr><td>备注</td><td colspan="5"></td></tr>
</table>

第三步:实施课题任务

学生根据计划完成自己的任务,教师观看并指导。

第一组:手动操作演示。

操作步骤:①左前轮 ABS 工作过程演示;

②右前轮 ABS 工作过程演示;

③左后轮 ABS 工作过程演示;

④右后轮 ABS 工作过程演示。

第二组:自动操作演示。

第三组:ABS 控制过程演示。

第四步:检查实训过程

①教师根据实训内容进行演示教学或作步骤讲解。学生进行实践操作时,教师巡视检查学生操作情况,及时指出学生的错误操作或注意事项。

②学生在操作时,同组成员观察操作情况并互相提醒;操作的学生可随时查看工作计划或工作页,做到自我检查,保证操作的规范性和准确性。

③学生计划完成后,首先要进行自检,小组成员对本次任务进行评价;然后教师检查学生完成的效果。

第五步:评价总结

一、自我评价

学生自我评价,同时与组内其他同学讨论,交流心得。

二、课题考核

1. 考核要求

(1) 按正确的操作步骤进行检测。

(2) 操作时应能进行相应的讲解,报出所进行的项目和测量的结果。

2. 考核时间

90 min。

1)实训考核(60 min)

序号	考核内容	配分	评分标准	考核记录	扣分	得分
1	演示前的准备工作	10	开关、按钮位置不正确每个扣2分,扣完为止			
2	油压建立的过程	15	每步操作不当扣5分			
3	油压减少的过程	15	每步操作不当扣5分			
4	油压保持的过程	15	每步操作不当扣5分			
5	油压增加的过程	15	每步操作不当扣5分			
6	自动演示过程	30	每步操作不当扣5分			
7	合计	100				

2)理论考核(30 min)

序号	考核内容	配分	评分标准	考核记录	扣分	得分
1	ABS的作用	20	每个作用5分			
2	常规制动工作原理	20	酌情扣分			
3	减压制动工作原理	20	酌情扣分			
4	保压制动工作原理	20	酌情扣分			
5	增压制动工作原理	20	酌情扣分			
6	合计	100				

项目二　电子控制制动防抱死系统结构与检测

第一步:布置任务

一、项目要求

①项目名称:电子控制制动防抱死系统结构与检测。

②计划课时:10。

③器材及工具准备:

A. 带 ABS 系统的轿车 1 辆;

B. 汽车专用万用表 1 个,电脑 1 台,故障诊断仪 1 只;

C. ABS 教学实验台 1 台;

D. 投影机以及相应导线插座。

二、教学主要内容及目的

①熟悉 ABS 各组成的名称、作用。

②掌握 ABS 各组成部分的检测方法以及自诊断系统的使用。

③教学过程中注意学生综合素质的提高,特别是学生的创新能力和动手操作能力的培养。

三、相关知识准备

1. ABS 的基本组成

通常的制动防抱死系统都是由车轮转速传感器、ECU、制动压力调节装置和报警灯等组成。制动压力调节装置主要由调压电磁阀总成、电动泵总成和储液器组成。图 2.1 所示是典型的 ABS 系统组成图。

在该系统中,每个车轮上都安装一个转速传感器,用于将各车轮转速的信号输入 ECU。ECU 根据各车轮转速传感器输入的信号对各车轮的运动状态进行监测和判定,并形成相应的控制指令,控制制动压力调节装置对各制动轮缸的制动压力进行调节,将车轮的滑移率控制在 10%到 30%之间。比例阀通过控制前、后轮制动轮缸制动液压力的大小,保证汽车在常规制动时前轮先于后轮抱死,以改善制动性能。

在制动防抱死系统出现故障时,装在仪表盘上的制动防抱死系统报警灯发亮,提醒驾驶员制动防抱死系统出现了故障。

2. ABS 系统传感器

在现代汽车电子控制驱动及制动系统中都设置获取汽车车轮转速信号的车轮转速传感器,也称车轮速度传感器或轮速传感器。对于驱动防滑转系统(ASR 系统)的传感器主要是轮速传感器和节气门位置传感器。轮速传感器通常与 ABS 系统共用,

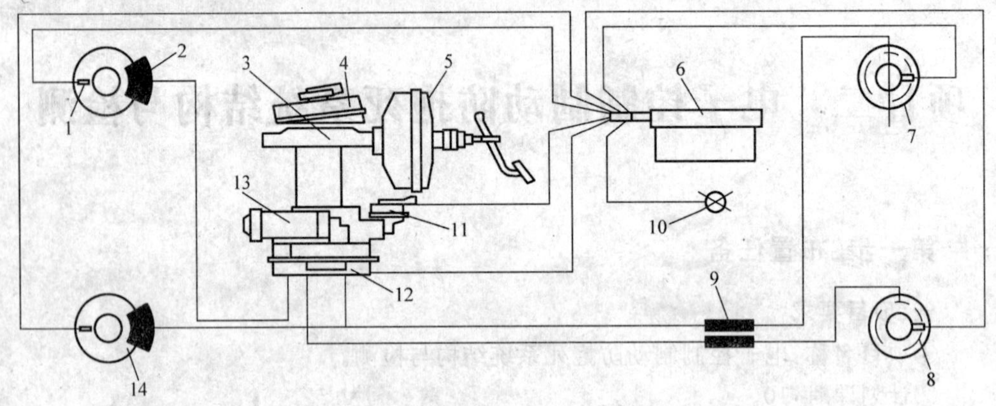

图 2.1 典型的 ABS 系统组成图

1—车轮转速传感器；2—右前制动器；3—制动主缸；4—储液室；5—真空助力器；6—电子控制装置(ECU)；7—右后制动器；8—左后制动器；9—比例阀；10—ABS 警示灯；11—储液器；12—调压电磁阀总成；13—电动泵总成；14—左前制动器

而节气门位置传感器与发动机电控燃油喷射系统共用。以下仅介绍车轮转速传感器。车轮转速传感器分为电磁式和霍尔式两种。

1)电磁式车轮转速传感器

车轮转速传感器由电磁感应传感头和齿圈两部分组成。传感头是一个静止部件，通常由永久性磁芯、电磁线圈和磁极等构成。用于测量非驱动车轮转速的传感头安装在车轮附近不随车轮转动的部件上，如制动底板、转向节、半轴套管等；用于测量驱动车轮转速的传感头通常也安装在车轮处，但有些车型的传感头则安装在主减速器或变速器中。齿圈是一个运动部件，一般安装在随车轮一起转动的部件(如半轴、轮毂、制动盘等)上。

图 2.2 所示为车轮转速传感头在驱动车轮和非驱动车轮上的典型安装形式。传

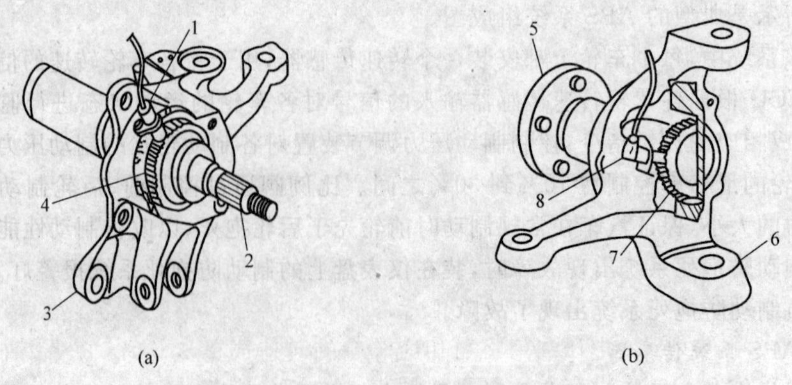

图 2.2 车速转速传感头在车轮上的安装

(a) 驱动车轮；(b) 非驱动车轮

1、8—电磁感应式传感器；2—半轴；3—悬架支承；4、7—齿圈；5—轮毂；6—转向节

感头与齿圈之间的间隙很小，通常只有 0.5～1 mm，多数车轮转速传感器的间隙是不可调的。

设置在车轮处的转速传感器感应的是相应车轮的转速。一些后轮驱动的汽车只在主减速器或变速器上安装一个电磁感应式传感器，如图 2.3 所示。

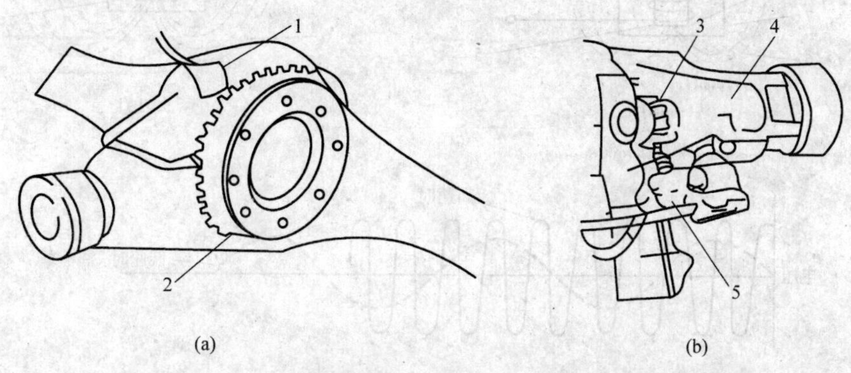

图 2.3　车轮转速传感器在传动系统中的安装位置

(a)主减速器；(b)变速器

1、5—传感器；2、3—齿圈；4—变速器

传感器安装在主减速器壳体或变速器壳体上，齿圈安装在主减速器输入轴上(或直接利用主减速器齿轮)或变速器输出轴上。转速传感器安装在传动系统中，测量的将是两后轮的平均转速，因此只适用于对两后轮进行一同控制的 ABS。由于转速传感器被封闭在主减速器或变速器的壳体中，所以有利于保护转速传感器，也可以减少转速传感器的数量。

传感器齿圈是由磁阻较小的材料制成的，齿圈上齿数的多少与汽车的车型、ABS 的电子控制单元有关。电磁感应式车轮转速传感器的工作原理如图 2.4 所示。

当齿圈的齿隙与传感头的永久性磁芯端部相对时，磁芯端部与齿圈之间的空气隙最大，传感头的永久性磁芯所产生的磁场线不容易通过齿圈，感应线圈周围的磁场较弱，如图 2.4(a)所示；而当齿圈的齿顶与传感头的磁芯端部相对应时，磁芯端部与齿圈之间的空气隙最小，传感头永久性磁芯所产生的磁场线容易通过齿圈，感应线圈周围的磁场较强，如图 2.4(b)所示；当齿圈随车轮旋转时，齿圈的齿顶和齿隙交替地与传感器磁芯端部相对，传感器感应线圈周围的磁场随之发生强弱交替变化，使永久磁铁上的线圈产生一交变电压。交变电压的频率与齿圈的齿数和转速成正比，因此转速传感器输出的交变电压频率将与相应车轮的转速成正比。另一方面，车轮转速也会影响转速传感器输出的交变电压的幅值，如图 2.4(c)所示。

根据磁芯端部的结构形状，电磁式车轮转速传感器可分为凿式极轴车轮转速传感器和柱式极轴车轮转速传感器等，其结构如图 2.5 所示。但它们的基本工作原理

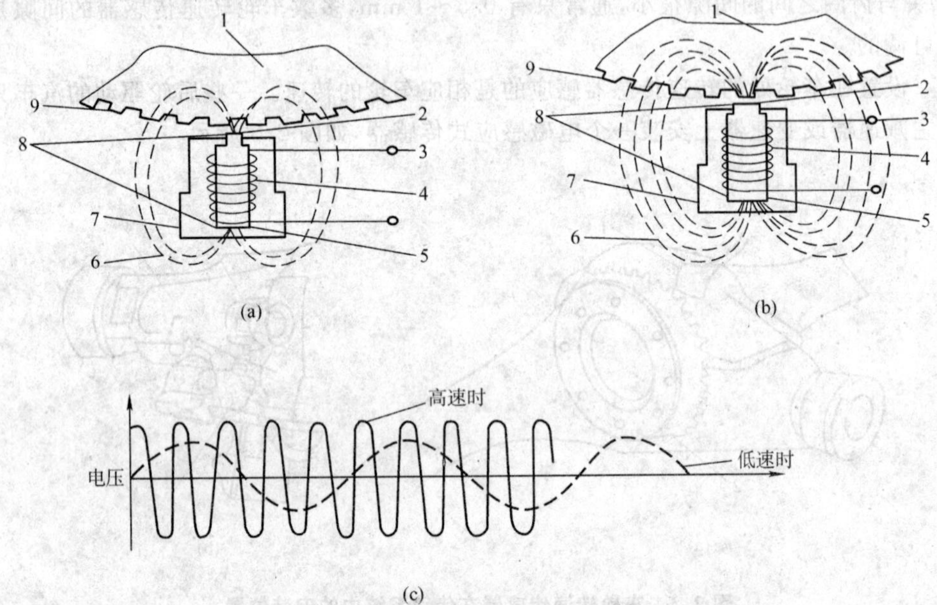

图 2.4　电磁感应式车轮转速传感器的工作原理

(a)齿隙与磁芯端部相对时；(b)齿顶与磁芯端部相对时；(c)传感器输出电压

1—齿圈；2—磁芯端部；3—感应线圈引线；4—感应线圈；

5—永久性磁芯；6—磁场线；7—电磁感应式传感器；8—磁极；9—齿圈齿顶

都是相同的。只是由于结构形式的不同，传感头与齿圈的相对安装方式也有区别，如图 2.6 所示。

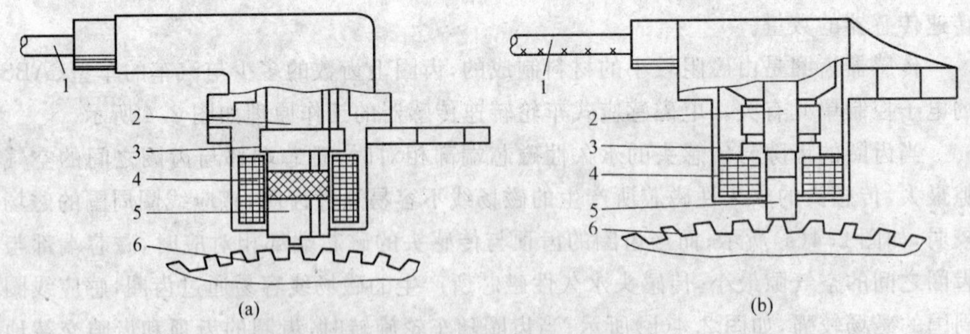

图 2.5　电磁感应式车轮转速传感器的结构

(a)凿式极轴转速传感器；(b)柱式极轴转速传感器

1—电缆；2—永久磁铁；3—外壳；4—感应线圈；5—极轴；6—齿圈

电磁式车转转速传感器结构简单，成本低，但存在以下缺点。

①电磁感应式转速传感器向 ABS 的 ECU 输送的电压信号的强弱是随转速的变化而变化的，信号幅值一般在 1～15 V 的范围内变化。当车速很低时，传感器输出的

电压信号若低于 1 V,则 ECU 无法检测到如此弱的信号,ABS 也就无法正常工作。

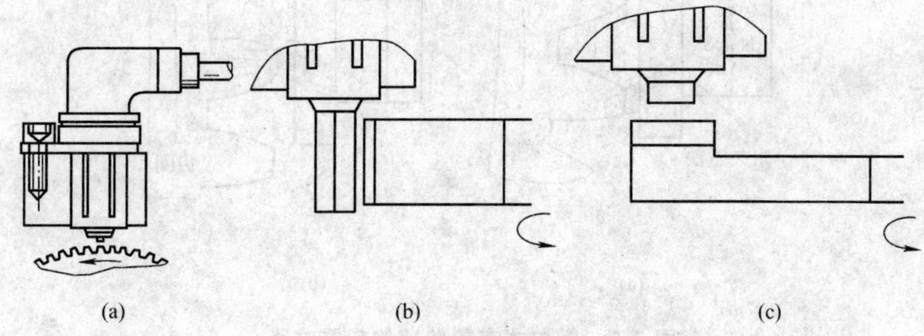

图 2.6　传感头与齿圈的相对安装方式

(a)凿式极轴传感头;(b)菱形极轴传感头(柱式极轴的一种);(c)柱式极轴传感头

②电磁感应式转速传感器频率响应较低。当车轮转速过高时,传感器的频率响应跟不上,容易产生错误信号。

③电磁感应式转速传感器的抗电磁波干扰能力较差,尤其在输出信号幅值较小时。

2. 霍尔式车轮转速传感器

目前,各类 ABS 系统的速度控制范围一般为 15～160 km/h。

随着人们对汽车发展的要求,今后对速度控制范围的要求会更大,达到 8～260 km/h 甚至更大。而电磁感应式车轮速度传感器很难适应这种发展要求,取而代之的将是霍尔式车轮转速传感器。霍尔式车轮转速传感器主要具有以下优点。

①输出的电压信号强弱不随转速的变化而变化。在汽车电源电压为 12 V 的条件下,信号的幅值保持在 11.5～12 V 不变,即使车速很低时也不变。

②传感器频率响应高达 20 kHz,用于 ABS 中,相当于车速为 1 000 km/h 时所检测的信号频率,因此不会出现高速时频率响应跟不上的问题。

③霍尔式车轮转速传感器输出的电压信号强弱不随转速的变化而变化,且幅值较高。因此,霍尔式车轮转速传感器抗电磁波干扰能力较强。

霍尔式车轮转速传感器也是由传感头和齿圈组成的。传感头由永久磁铁、霍尔元件和电子电路等组成,如图 2.7 所示。

永久磁铁的磁场线穿过霍尔元件通向齿圈,齿圈相当于一个集磁器。当齿圈位于图 2.7(a)所示位置时,穿过霍尔元件的磁力线发散,磁场相对较弱;当齿圈位于图 2.7(b)所示位置时,穿过霍尔元件的磁场线集中,磁场相对较强。随着齿圈的转动,穿过霍尔元件的磁场线密度发生变化,从而产生霍尔电压的变化。

霍尔元件输出的毫伏级的准正弦波电压首先经放大器放大为伏级电压信号,然后送往施密特触发器转换成标准的脉冲信号,再送到输出级放大后输入 ECU。电子线路中的各级波形如图 2.8 所示。

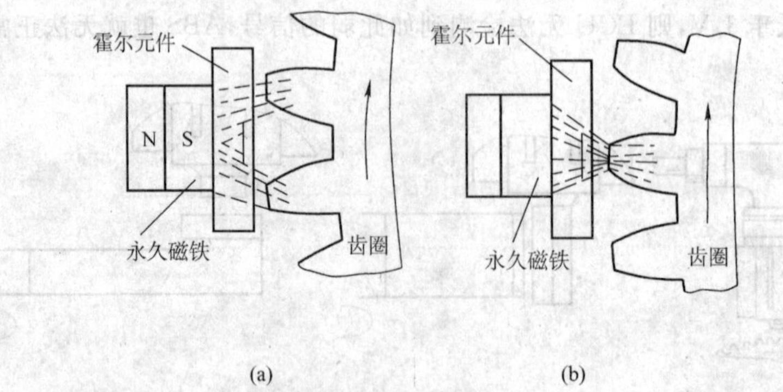

图 2.7 霍尔式车轮转速传感器磁路

(a)霍尔元件磁场较弱;(b)霍尔元件磁场较强

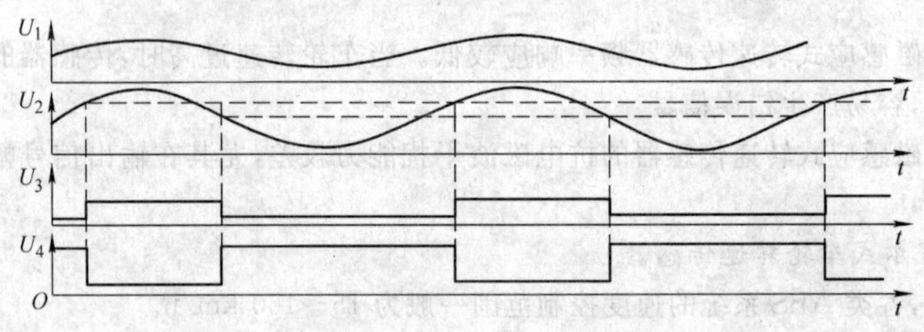

图 2.8 霍尔式车轮转速传感器电子线路中的各级波形

五、操作步骤

(一)ABS 实验台的自诊断功能

①按下 1 键(实验模式/原车模式转换开关)处于导通状态,指示灯亮。

②打开点火开关,就可以进行自诊断测试。将专用的车博士解码仪与台架(与项目一相同)上的诊断接口通过相关的接线进行连接(如图 2.9),打开解码仪,按照仪器上的提示进行相关操作。

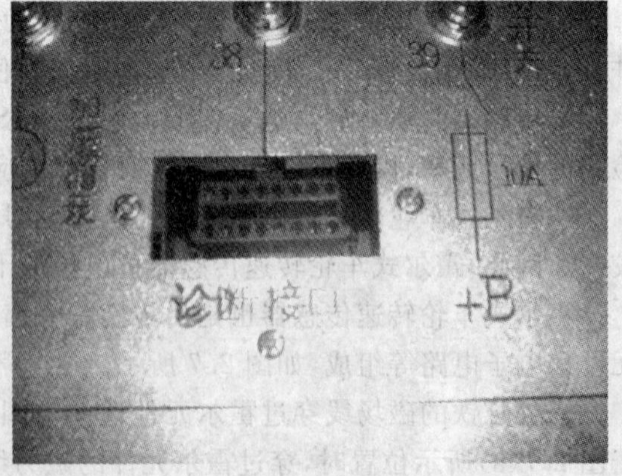

图 2.9 诊断接口位置

(二)丰田轿车(威驰)的 ABS 系统检测(见图 2.10)

1. 直观检测

①检查手动制动是否完全释放。

②检查制动液是否渗漏、制动液面是否在规定的范围内。

③检查 ABS 系统的熔丝、继电器是否完好,插接是否牢固。

④检查 ABS ECU 连接器连接是否良好。

⑤检查有关元器件的连接器和导线连接是否良好。

⑥检查蓄电池电压是否在规定范围内,正、负极柱的导线连接是否可靠。

图 2.10　丰田威驰轿车

2. 故障自诊断

1) 读取故障码

①检查蓄电池电压,其值应约为 12 V。

②接通点火开关,检查 ABS 警告灯,应点亮 3 s 后熄灭。否则,检查、修理或更换仪表熔丝、警告灯灯泡或线束。

③脱开维修连接器或拔出短接插销,将发动机室内的故障诊断座或驾驶室内的 TDCL 连接器的 Tc 和 E_1 用跨接线连接,若 ABS 系统工作正常(无故障),警告灯会每 0.5 s 闪烁一次;若 ABS 系统有故障,4 s 后警告灯开始闪烁。可根据警告灯闪烁次数读取故障码,第一组闪烁的次数为故障码的十位数,间歇 1.5 s 后恢复闪烁,第二组闪烁的次数为故障代码的个位数。若有两个或多个故障代码,在每个故障代码之间会有 2.5 s 的间歇时间,全部故障码读取完毕后,间歇 4 s 后重新输出故障代码。故障代码按由小到大的顺序显示。

2)故障代码表

故障代码表如表 2.1 所示。

表 2.1　故障代码表

故障码	内　容
11	液压电磁阀继电器断路或 ABS 继电器断路
12	液压电磁阀继电器短路到电源或 ABS 继电器短路
13	刹车总泵电器断路
14	刹车总泵继电器短路到电源
21	右前轮控制液压电磁阀回路故障
22	左前轮控制液压电磁阀回路故障
23	右后轮控制液压电磁阀回路故障
24	左后轮控制液压电磁阀回路故障
25	电磁阀线圈短路
31	右前轮车速传感器信号故障

续表

故障码	内　容
32	左前轮车速传感器信号故障
33	右后轮车速传感器信号故障或车轮转速传感器故障
34	左后轮车速传感器信号故障
35	左前或右后轮车速传感器回路断线
36	右前或左后轮车速传感器回路断线
37	后轮车速信号故障
41	电瓶电压不稳定或电瓶电压太低(9.5 V以下)
42	电瓶电压太高(17 V以上)
43	车速传感器故障
44	ABS电脑故障
51	刹车总泵咬死或搭铁线断路
71	右前轮车速信号输出电压过低
72	左前轮车速信号输出电压过低
73	右后轮车速信号输出电压过低
74	左后轮车速信号输出电压过低
75	右前轮车速信号输出不稳定
76	左前轮车速信号输出不稳定
77	右后轮车速信号输出不稳定
78	左后轮车速信号输出不稳定

3)故障代码的清除

ABS系统故障排除后,应清除存储在ECU中的故障代码。否则,车辆再次发生故障读取故障代码时,前后次故障代码会一并被读出。

①接通点火开关,用跨接线连接检查连接器的端子Tc和E_1。

②在3 s内连续踩制动踏板不少于8次,即可清除存储于ECU中的故障码。

③检查ABS警告灯,此时应显示正常代码。

④从检查连接器的端子Tc和E_1处拆下跨接线。

⑤检查ABS警告灯,此时应熄灭。

⑥在修理过程中,若脱开蓄电池电缆,ECU中的所有故障代码都会被清除。

3. 轮速传感器信号故障代码的读取与清除

①分开维修连接器或拔出短路插销。

②将诊断座或TDCL连接器的Tc和E_1端子跨接。

③启动发动机怠速运转,此时仪表盘上的ABS警告灯会闪烁,根据闪烁规律读取故障码后排除故障。

④拆下端子Tc和E_1处跨接线。

⑤驾驶汽车,使车速达到90 km/h以上并保持数秒后将车停下。

⑥将诊断插座或 TDCL 连接器的 Tc 和 E_1 端子跨接。

此时仪表盘上的 ABS 警告灯会闪烁，如果系统正常，警告灯将会以每秒两次的频率闪烁，如果出现故障则会闪烁出故障代码。

三、使用与检测中的一般注意事项

①ABS 系统以常规制动系统为基础，常规制动系统一旦出现问题，ABS 系统就不能正常工作。当制动系统出现故障时，一般应先判断是常规制动系统故障，还是 ABS 系统故障，不能只把注意力集中到传感器、ECU 和压力调节器上。

②高温环境容易损坏 ECU。一般 ECU 只能在短时间内承受 90 ℃温度，或在一定时间内（约 2 h）承受 85 ℃温度（有的要求 ECU 受热不能超过 82 ℃）。在对汽车进行烤漆作业时，应视情况将 ECU 从车上拆下。

③拆卸转速传感器时注意不要碰撞和敲击传感头，不要用传感器齿环当作撬面；防止上面沾染油污或其他脏物，必要时，可涂上一层薄防锈油；传感器间隙有的是不可调的，有的是可调的，调整时应使用非磁性塞尺。

④使用或维修后，若感觉制动踏板变软，应对制动系统排气。ABS 制动系统与常规制动系统的排气方法有所不同，且不同形式的 ABS 系统排气顺序和程序也可能不同。在排气时，应按照相应维护手册所要求的方法和顺序进行，否则既浪费时间，制动系统内的空气还排不干净。

⑤大多数 ABS 系统中的转速传感器、ECU 和压力调节器都是不可修复的，如发生损坏，一般应整体更换。由于 ABS 都是针对某种车型专门设计的，一般并不通用，所以要求选用本车型高质量的正宗产品，以确保维修质量。

⑥装备 ABS 系统的汽车和没有装备 ABS 系统的汽车制动操作方法是一样的，但紧急制动时，不要重复地踩放制动踏板，而只是把脚持续地踩在制动踏板上，ABS 就会自动进入制动状态，不需人工干涉。而踩几脚制动踏板，反而会使 ABS ECU 接收不到正确信号，导致制动效果不良。对液压制动系统而言，ABS 系统工作时制动踏板会有些轻微振动，或听到一点噪声，这都是正常现象，表明 ABS 在正常工作，并非故障。

第二步：制订计划

教师辅助学生以小组方式，根据课时、人数及教学任务，由学生自己进行信息收集（通过专业书籍、说明书或网络等各种途径查找相关知识资料，复习或学习本项目的相关知识），讨论制订出本项目中课题的工作计划。例如：

受众分析	年级	三年级一学期	专业	汽车制造与装配	人数	30 人/班
	学生知识结构	①有一定的逻辑思维能力； ②具有自学能力； ③掌握了 ABS 系统的结构理论知识； ④掌握了 ABS 系统故障诊断以及检修的操作方法				

续表

<table>
<tr><td rowspan="10">制订计划</td><td rowspan="4">教师布置项目课题分组</td><td>组别</td><td>课　题</td><td>课时</td><td>人数</td><td>组长</td></tr>
<tr><td>1</td><td>ABS 实验台的自诊断功能</td><td>2</td><td>10</td><td></td></tr>
<tr><td>2</td><td>丰田轿车的 ABS 系统的直观检测</td><td>4</td><td>10</td><td></td></tr>
<tr><td>3</td><td>丰田轿车的 ABS 系统的故障自诊断</td><td>4</td><td>10</td><td></td></tr>
<tr><td>学生计划</td><td colspan="5">学生根据本项目及组别的课题安排及实训设备情况进行信息收集，制订工作计划。例如：
①根据项目要求写出整个操作过程的步骤；（可在实训课前完成）
②根据项目确定所需的工具；
③写出组内分工计划或轮岗计划</td></tr>
<tr><td>学生展示</td><td colspan="5">每组学生选派一人讲解本组计划，其他组提出不同见解。每组可重新制订计划，定稿后交给教师评价（可在课前学生自行完成，也可由教师组织完成）</td></tr>
<tr><td>教师辅助</td><td colspan="5">教师评价各个计划的可实施性，对于不可实施的教师提出指导意见，由学生进行修改。再评价、再修改直到可实施</td></tr>
<tr><td>实操指导</td><td colspan="5">学生根据自己的计划进行工作，教师观察其操作情况并做指导，以及时纠正错误。根据各组的不同情况有针对性地进一步讲解</td></tr>
<tr><td>岗位轮换</td><td colspan="5">教师控制整个项目的课时，每组课时结束后进行课题轮换</td></tr>
<tr><td>备注</td><td colspan="5"></td></tr>
</table>

第三步：实施课题任务

学生根据计划完成自己的任务，教师观看、指导。

第一组：ABS 实验台的自诊断功能。

操作步骤：

①按下 1 键，实验模式/原车模式转换开关处于导通状态，指示灯亮；

②打开点火开关，就可以进行自诊断测试。

第二组：丰田轿车的 ABS 系统的直观检测。

操作步骤：

①检查手动制动是否完全释放；

②检查制动液是否渗漏、制动液面是否在规定的范围内；

③检查 ABS 系统的熔丝、继电器是否完好，插接是否牢固；

④检查 ABS ECU 连接器连接是否良好；

⑤检查有关元器件的连接器和导线是否连接良好；

⑥检查蓄电池电压是否在规定范围内，正、负极柱的导线连接是否可靠。

第三组:丰田轿车的ABS系统的故障自诊断。

操作步骤:①读取故障码;②查故障代码表;③排除故障;④清除故障码。

第四步:检查实训过程

①教师根据实训内容进行演示教学或操作步骤讲解。学生进行实践操作时,教师巡视检查学生操作情况,及时指出学生的错误操作或注意事项。

②学生在操作时,同组成员可观察操作情况并互相提醒,操作的学生可随时查看工作计划或工作页,做到自我检查,保证操作的规范性和准确性。

③学生计划完成后,首先要进行自检,小组成员对本次任务进行评价;然后教师检查学生的完成效果。

第五步:评价总结

一、自我评价

学生自我评价,同时与其他同学讨论,交流心得。

二、课题考核

1. 考核要求

①按正确的操作步骤进行检测。

②操作时应能进行相应的讲解,报出所进行的项目和测量的结果。

2. 考核时间

120 min。

1)实训考核(60 min)

序号	考核内容	配分	评分标准	考核记录	扣分	得分
1	ABS实验台的自诊断功能	10	酌情扣分			
2	丰田轿车的ABS系统直观检测	15	酌情扣分			
3	读取故障码	15	酌情扣分			
4	故障代码的清除	15	酌情扣分			
5	转速传感器信号故障代码的读取与清除	15	酌情扣分			
6	使用与检测中的一般注意事项	30	酌情扣分			
7	合计	100				

2）理论考试(60 min)

序号	考核内容	配分	评分标准	考核记录	扣分	得分
1	ABS的基本组成	20	酌情扣分			
2	电磁式车轮转速传感器工作原理	20	酌情扣分			
3	电磁式车轮转速传感器的特点	30	酌情扣分			
4	霍尔式车轮转速传感器的优点	30	酌情扣分			
5	分数合计	100				

项目三　电控悬架系统故障码的读取与清除

第一步：布置任务

一、项目要求

①项目名称：电控悬架系统故障码的读取与清除。

②计划课时：4。

③器材以及工具：

A. 电控悬架实验台 2 台；

B. 相应的跨接线；

C. 电脑主机及投影仪。

二、教学主要内容及目的

①会读取电控悬架系统的故障码。

②能够查出电控悬架系统的故障内容。

③知道如何排除电控悬架系统的故障。

④会清除电控悬架系统的故障码。

三、相关知识准备

1. 通过故障诊断灯的闪烁规律读取故障码

如果系统工作正常，灯以 0.25 s 的间隔均匀闪烁。如果系统出现故障，灯闪烁时点亮和间隔的时间均变为 0.5 s，闪烁的第一组数字为故障代码的十位数字，灯熄灭 1.5 s 后的闪烁为表示个位数字的第二组数字。如果同时存在几个故障，从最小值开始显示，如图 3.1 所示。

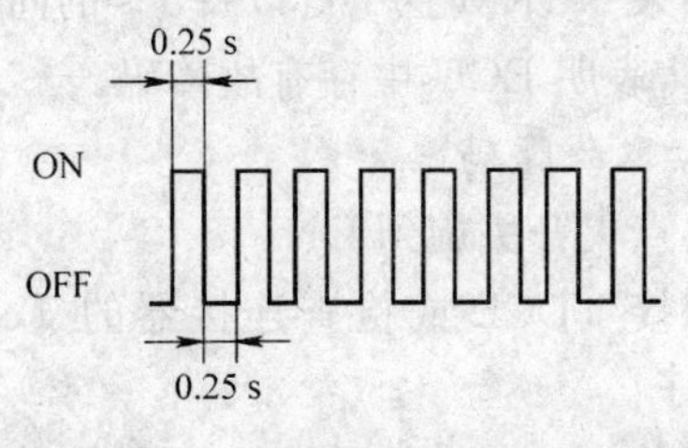

系统正常(无故障码)

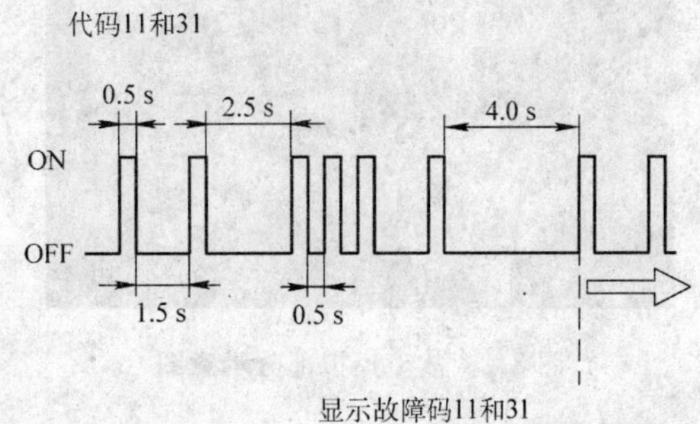

显示故障码11和31

图 3.1　故障诊断灯的闪烁规律

2. 清除故障码的方法

①将点火开关旋到 OFF，拆下 1 号接线盒中的 ECU－B 保险丝并保持 10 s 以上；

②在 10 s 之内连续踩制动或者加速踏板 8 次；

③在 8 s 之内连续开关车门 3 次。

3. 查故障代码表

故障代码如下表所示。

故障代码	故障内容
11	前右高度控制传感器故障
12	前左高度控制传感器故障
13	后右高度控制传感器故障
14	后左高度控制传感器故障
21	前悬架控制执行器故障
22	后悬架控制执行器故障
31	前左高度控制阀故障
33	后左高度控制阀故障
35	排气阀故障

四、操作步骤

本课程采用的是济南金诺汽车科技有限公司生产的悬架电控系统实验台。本实验台大致可以分为机体、检测显示、控制操作、故障模拟四部分。故障模拟部分(如图 3.2 所示)位于显示面板的右侧,可以人为设置故障,也可以通过按下故障模拟板上的开关来设置故障。

图 3.2 故障模拟部分示意图

1. 指示灯检查

①将点火开关旋到 ON。

②LRC 指示灯(SPORT 指示灯)和 HEIGHT 指示灯(HI 指示灯)应点亮 2 s;NORM 指示灯常亮。若出现不正常现象,应该检测相应的电路。

③如果 NORM 指示灯以每 1 s 的间隔闪亮时,表明 ECU 中存有故障码。

2. 读取故障码

①将点火开关旋到 ON。

②跨接 TDCL 或检查连接器的 Tc 与 E_1 端子。

③从 NORM 指示灯的闪烁读取故障码(注意:当高度控制开关在 OFF 位置时,输出故障码 71,这不表明不正常)。若没有故障码输出,则应检查 Tc 针脚电路。(若存在 2 个或者 2 个以上的故障码,则应该从数字小的故障码开始显示,并连续按照次序显示,直到最后显示最大数字的故障码为止。)

3. 排除故障

查故障代码表得出故障内容并且通过故障设置区排除故障。

4. 清除故障码

①跨接 TDCL 或检查连接器的 Tc 与 E_1 端子并保持 10 s 以上，然后接通点火开关，并拆开两个连接器的针脚跨接线，便可清除故障码。

②将点火开关旋到 ON，跨接 TDCL 或检查连接器的 Tc 与 E_1 端子，在 8 s 之内开关车门 3 次。

5. 检测操作结果

拆除跨接线，观察 NORM 指示灯是否恢复正常（常亮）。

第二步：制订计划

教师辅助学生以小组方式，根据课时、人数及教学任务，由学生自己进行信息收集（通过专业书籍、说明书或网络等各种途径查找相关知识资料，复习或学习本项目的相关知识），讨论制订出本项目中课题的工作计划。例如：

<table>
<tr><td rowspan="2">受众分析</td><td>年级</td><td>三年级一学期</td><td>专业</td><td>汽车制造与装配</td><td>人数</td><td>30 人/班</td></tr>
<tr><td>学生知识结构</td><td colspan="5">①有一定的逻辑思维能力；
②具有自学能力；
③掌握了电控悬架系统的结构理论知识；
④掌握了电控悬架系统故障诊断的操作方法</td></tr>
<tr><td rowspan="9">制订计划</td><td rowspan="3">教师布置课题分组</td><td>组别</td><td>课　题</td><td>课时</td><td>人数</td><td>组长</td></tr>
<tr><td>1</td><td>故障诊断前的准备工作</td><td>2</td><td>15</td><td></td></tr>
<tr><td>2</td><td>故障码的读取及清除</td><td>2</td><td>15</td><td></td></tr>
<tr><td>学生计划</td><td colspan="5">学生根据本项目及组别的课题安排及实训设备情况进行信息收集，制订工作计划。例如：
①根据项目要求写出整个操作过程的步骤；（可在实训课前完成）
②根据项目确定所需的工具；
③写出组内分工计划或轮岗计划</td></tr>
<tr><td>学生展示</td><td colspan="5">每组学生选派一人讲解本组计划，其他组提出不同见解。每组可重新制订计划，定稿后交给教师评价（可在课前学生自行完成，也可由教师组织完成）</td></tr>
<tr><td>教师辅助</td><td colspan="5">教师评价各个计划的可实施性，对于不可实施的，教师提出改进意见，由学生进行修改。再评价、再修改直到可实施</td></tr>
<tr><td>实操指导</td><td colspan="5">学生根据自己的计划进行工作，教师观察其操作情况并做指导，以及时纠正错误。根据各组的不同情况有针对性地做进一步深入讲解</td></tr>
<tr><td>岗位轮换</td><td colspan="5">教师控制整个项目的课时，每组课时结束进行课题轮换</td></tr>
<tr><td>备注</td><td colspan="5"></td></tr>
</table>

第三步：实施课题任务

学生根据计划完成自己的任务，教师观看、指导。

第一组：故障诊断前的准备工作。

操作步骤如下。

①将点火开关旋到 ON；

②LRC 指示灯(SPORT 指示灯)和 HEIGHT 指示灯(HI 指示灯)应点亮 2 s；NORM 指示灯常亮。若出现不正常现象，应该检测相应的电路。

③如果 NORM 指示灯以每 1 s 的间隔闪亮时，表明 ECU 中存有故障码。

第二组：故障码的读取及清除。

操作步骤如下。

①读取故障码。

②查故障代码表得出故障内容并且通过故障设置区排除故障。

③清除故障码。

④检测操作结果，拆除跨接线，观察 NORM 指示灯是否恢复正常(常亮)。

第四步：检查实训过程

①教师根据实训内容进行演示教学或操作步骤讲解。学生进行实践操作时，教师巡视检查学生操作情况，及时指出学生的错误操作或注意事项。

②学生在操作时，同组成员观察操作情况并互相提醒，操作的学生可随时查看工作计划或工作页，做到自我检查，以保证操作的规范性和准确性。

③学生计划完成后，首先要进行自检，小组成员对本次任务进行评价；然后教师检查学生的完成效果。

第五步：评价总结

一、自我评价

学生自我评价，同时与组内其他同学讨论，交流心得。

二、课题考核

1. 考核要求

按正确的操作步骤进行检测。

2. 实训考核时间

30 min。

序号	考核内容	配分	评分标准	考核记录	扣分	得分
1	设置故障	10	不会设置扣 10 分			
2	跨接两个端子	10	跨接不正确扣 10 分			
3	读取故障码	30	根据情况酌情扣分			
4	查故障代码表	10	查不出故障内容扣 10 分			
5	排除故障	10	不会排除故障扣 10 分			
6	清除故障码	20	酌情扣分			
7	检测是否正常	10	不会检测扣 10 分			
8	分数合计	100				

项目四　电控悬架系统结构及工作过程

第一步：布置任务

一、项目要求

①项目名称：电控悬架系统结构及工作过程。

②计划课时：6。

③器材及工具准备：

A. 电控悬架实验台 3 台；

B. 电脑主机以及投影仪。

二、教学主要内容及目的

①了解悬架系统的发展以及应用分类情况。

②知道悬架系统的基本组成以及各组成部分的工作原理。

③知道悬架系统是如何改变阻尼力和悬架刚度以及车身高度的。

④可以在悬架实验台上正确地演示悬架系统的工作过程。

三、相关知识准备

1. 半主动电控悬架

大部分半主动悬架采用了手动控制方式，由驾驶员根据路面状况和汽车的行驶条件，手动控制相关的动作，对减振器的阻尼力进行变换。当减振器的阻尼力被调整为“硬”时，可增强汽车在转弯或在不平道路上行驶时抗侧倾的能力，提高汽车操纵的稳定性。当减振器的阻尼力被调整为“软”时，可使汽车行驶时的上下颠簸幅度减小，提高汽车乘坐的舒适性。

可调阻尼力的减振器主要由缸筒、活塞、活塞控制杆和回转阀等组成，如图 4.1 所示。活塞杆为一空心杆，在活塞杆的中心装有控制杆，控制杆的上端与执行器相连。控制杆的下端装有回转阀，回转阀上有 3 个油孔，活塞杆上有 2 个直孔，缸筒中的油液一部分经活塞上的阻尼孔在缸筒的上下两腔流动，一部分经回转阀与活塞杆上连通的孔在缸筒的上下两腔间流动。根据回转阀与活塞杆上的小孔不同的连通情况，减振器的阻尼力有硬(hard)、软(soft)、中等(normal)三种。

这种阻尼力的特性是：硬——减振器的阻尼力较大，减振能力强，使汽车好像具有跑车的优良操纵稳定性；中等——适合用于汽车高速行驶；软——减振器的阻尼力较小，减振能力较弱，可充分发挥弹性元件的缓冲作用，使汽车具有高级旅游车的舒适性。

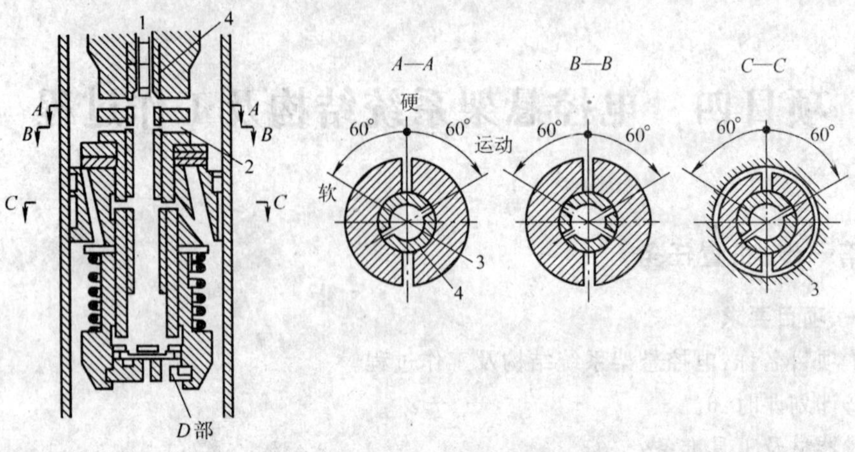

图 4.1 减振器的结构示意图

1—阻尼调节杆(回转阀控制杆);2—阻尼孔;3—活塞杆;4—回转阀

当模式选择开关处于自动模式下,减振器的阻尼力与汽车的行驶状态和路面状况的配置情况见表 4.1。

表 4.1 减振器的阻尼力与汽车的行驶状态和路面状况的配置情况

	减振器阻尼力	
	自动、标准	自动、运动
一般情况下	软	中等
汽车急加速、急转弯或紧急制动	硬	硬
高速行驶	中等	中等

可调节阻尼力的减振器的基本工作原理如下。

当 ECU 促使执行器工作时,通过控制杆带动回转阀相对活塞杆转动,使回转阀与活塞杆上的油孔连通或切断,从而增加或减小油液的流通面积,使油液的流动阻力改变,达到调节减振器阻尼力的目的。

如图 4.1 所示,当回转阀上的 A、C 油孔相连时,流通面积较大,减振器的阻尼力为软;当只有回转阀 B 油孔与活塞杆油孔相连时,减振器的阻尼力为中等;当回转阀上 3 个油孔均被堵住时,仅有活塞上的阻尼孔起衰减作用,此时减振器的阻尼力为硬。

在出现如下的情况时,控制装置自动使减振器从柔软或中等硬度状态变为硬状态:

①速度传感器和转角传感器显示汽车急转弯;

②速度传感器和节气门位置传感器显示汽车在低于 20 km/h 的速度下急加速;

③速度传感器和制动灯开关显示汽车在高于 60 km/h 的速度下制动;

④速度传感器和空挡启动开关显示汽车在低于 10 km/h 的速度下,自动变速器

从空挡换至任何其他挡位。

在出现下列情况时，控制装置使减振器从硬状态变为中等硬度或柔软状态：

①根据转向盘急转的程度，转弯行驶 2 s 或 2 s 以上；

②加速已达 3 s 或汽车速度达到 50 km/h；

③制动灯开关断开后 2 s；

④自动变速器从空挡或停车挡位置换挡后已达 3 s 或汽车行驶速度达到 15 km/h。

2. 电子控制主动悬架系统

装备电子控制主动悬架系统的汽车能够根据本身的负载情况、行驶状态和路面情况等，主动地调节包括悬架系统的阻尼力、汽车车身高度与行驶姿势、弹性元件的刚度在内的多项参数。这类悬架系统大多采用空气弹簧或油气弹簧作为弹性元件，通过改变弹簧的空气压力或油液压力的方式来调节弹簧的刚度，使汽车的相关性能始终处于最佳状态。

由于减振器的阻尼力对汽车乘坐的舒适性和安全性有较大的影响，所以目前可调节阻尼力的减振器应用十分普遍。这种减振器可以实现以下控制目标。

(1)防止车尾下蹲控制　汽车在急速起步或加速时，在惯性力和驱动力的作用下，汽车尾部的下蹲控制到最小程度，以保持车身的稳定。

(2)防止汽车点头控制　汽车在高速行驶采取紧急制动时，由于惯性力和车轮与地面之间的附着力的作用，促使车头下沉。防止汽车点头控制就是要将这种点头现象减小到最小程度。

(3)防止汽车侧倾控制　汽车在转弯时，由于离心力的作用，使汽车车身的外侧下沉，转弯结束时，车身外侧恢复，造成汽车横向摆动。防止汽车侧倾控制就是将这种现象控制到最佳状态。

(4)防止汽车纵向摇动控制　汽车发生纵向摇动的原因有二：一是由于汽车在换挡过程中，驱动车轮上的驱动力在短时间内发生较大变化；二是由于汽车在不平整的路面上行驶时，汽车的车速与路面的波动产生共振，或受路面的影响。防止汽车纵向摇动控制就是使车身的这种状态得到最佳的控制。

影响汽车乘坐的舒适性和行驶的安全性的另一个主要因素就是汽车悬架弹性元件的刚度。悬架弹性元件的刚度将直接影响车身的振动强度和对路况及车速的感应程度。目前，中、高档汽车倾向于利用可调刚度的空气弹簧或油气弹簧，通过调节这些元件的空气压力的办法来调整弹性元件的刚度。

通过调节弹性元件的刚度和减振器的阻尼力，可使汽车 4 个车轮上的悬架参数具有不同组合，就可进行车身高度和姿势的调节。如使用空气弹簧的悬架，当乘员人数和载物较重使车身下沉时，通过加大空气弹簧气压的办法，使车身恢复到正常高度；当汽车高速行驶时，为了提高汽车行驶的安全性，减小空气阻力，可适当减小空气弹簧的气压，同时减小因减振器的阻尼力变化使车身降低的高度等。

图 4.2 悬架电控系统实验台

四、操作步骤

本课程采用的是济南金诺汽车科技有限公司生产的悬架电控系统实验台(如图 4.2 所示)。本实验台大致可以分为机体、检测显示、控制操作、故障模拟 4 部分。

机体部分由 2 只前悬减振器、2 只后悬减振器、4 只高度控制传感器、高度控制压缩机、干燥器和排气阀、高度控制阀、车身模拟机构、钢制台架等组成。

检测显示部分主要指控制面板,可以显示各高度传感器的电压、压缩机气压、各传感器或者执行器的工作状态,并可通过检测端子进行检测。

控制操作部分主要包括点火开关、高控开关、检查连接器、高位连接器、LRC 控制器、加载控制器、减载控制器、车速控制器等。

1. 控制开关

系统中有 3 个控制开关(LRC 开关、高度控制开关、高度控制 ON/OFF 开关)、3 个指示灯(H1、NORM、LRC)。

①LRC 开关的功用是通过电脑操纵执行器,改变减振器的减振和汽缸弹簧刚度。LRC 开关处于“0”位置,电脑可以正常控制执行器工作。LRC 开关处于“1”位置,电脑不再对执行器进行控制,弹簧刚度不再调整,同时 LRC 指示灯 SPORT 点亮指示。

②高度控制开关的功用是控制电脑以改变车身高度。当控制开关在“0”位置时,NORM 指示灯点亮,此时电脑调整车辆在正常高度位置。当控制开关在“1”位置时,NORM 指示灯熄灭,此时电脑调整车辆在高度位置。

③高度控制 ON/OFF 开关的功用是接通或断开控制电路。当高度控制 ON/OFF 开关打在 ON 位置时,悬架可以正常工作。当高度控制 ON/OFF 开关打在 OFF 位置时,则车辆不执行高度控制并且输出故障码。

2. 外加开关

外加开关有 3 个,即:加载开关、减载开关、车速开关。

①加载开关。把加载开关打到 1 位置,相当于增加了车辆的载重量,车身逐渐下降;几秒钟以后,把加载开关复原到 0 位置,悬架电控系统自动把车身升高到自由位

置。

②减载开关。把减载开关打到 1 位置，相当于减轻了车辆的载重量，车身逐渐上升；几秒钟以后，把减载开关复原到 0 位置，悬架电控系统自动把车身降低到自由位置。

③车速开关。打开此开关，相当于车身加速，此时悬架自动瞬时调整弹簧刚度。

第二步：制订计划

教师辅助学生以小组方式，根据课时、人数及教学任务，由学生自己进行信息收集（通过专业书籍、说明书或网络等各种途径查找相关知识资料，复习或学习本项目的相关知识），讨论制订出本项目课题的工作计划。例如：

<table>
<tr><td rowspan="2">受众分析</td><td>年级</td><td colspan="2">三年级一学期</td><td>专业</td><td>汽车制造与装配</td><td>人数</td><td>30 人/班</td></tr>
<tr><td>学生知识结构</td><td colspan="6">①有一定的逻辑思维能力；
②具有自学能力；
③掌握了悬架系统的基本组成，以及各组成部分的工作原理；
④可以在悬架实验台上正确地演示悬架系统的工作过程</td></tr>
<tr><td rowspan="10">制订计划</td><td rowspan="4">教师布置课题分组</td><td>组别</td><td colspan="3">课题</td><td>课时</td><td>人数</td><td>组长</td></tr>
<tr><td>1</td><td colspan="3">熟悉实验台的结构以及各部分的名称</td><td>2</td><td>10</td><td></td></tr>
<tr><td>2</td><td colspan="3">操作系统中的 3 个控制开关</td><td>2</td><td>10</td><td></td></tr>
<tr><td>3</td><td colspan="3">操作 3 个外加开关</td><td>2</td><td>10</td><td></td></tr>
<tr><td>学生计划</td><td colspan="7">学生根据本项目及组别的课题安排及实训设备情况进行信息收集，制订工作计划。例如：
①根据项目要求写出整个操作过程的步骤；（可在实训课前完成）
②根据项目制订所需的工具计划；
③写出组内分工计划或轮岗计划</td></tr>
<tr><td>学生讲解</td><td colspan="7">每组学生选派一人讲解本组计划，其他组提出不同见解。每组重新修订计划，定稿后交给教师评价（可在课前学生自行完成，也可由教师组织完成）</td></tr>
<tr><td>教师辅助</td><td colspan="7">教师评价各个计划的可实施性，对于不可实施的，教师提出意见，由学生进行修改。再评价、再修改直到可实施</td></tr>
<tr><td>实操指导</td><td colspan="7">学生根据自己的计划进行工作，教师观察其操作情况并做指导，以及时纠正错误。根据各组的不同情况有针对性地做进一步讲解</td></tr>
<tr><td>岗位轮换</td><td colspan="7">教师控制整个项目的课时，每组课时结束进行课题轮换</td></tr>
<tr><td>备注</td><td colspan="7"></td></tr>
</table>

第三步:实施课题任务

学生根据计划完成自己的任务,教师观看、指导。

第一组:熟悉实验台的结构以及各部分的名称。

第二组:操作系统中的3个控制开关。

操作步骤:

①按下LRC开关,改变减振器的减振和汽缸弹簧刚度;

②按下高度控制开关,改变车身高度,通过设备上的标尺观察高度的变化。

第三组:操作3个外加开关。

第四步:检查实训过程

①教师根据实训内容进行演示教学或操作步骤讲解。学生进行实践操作时,教师巡视检查学生操作情况,及时指出学生的错误操作或注意事项。

②学生在操作时,同组成员观察操作情况并互相提醒,操作的学生可随时查看工作计划或工作页,做到自我检查,保证操作的规范性和准确性。

③学生计划完成后,首先要进行自检,小组成员对本次任务进行评价;然后教师检查学生的完成效果。

第五步:评价总结

一、自我评价

学生自我评价,同时与组内同学讨论,交流心得。

二、课题考核

1. 考核要求

①按正确的操作步骤进行检测。

②操作时应能进行相应的讲解,报出所进行的项目和测量的结果。

2. 考核时间

90 min。

1)实训考核(45 min)

序号	考核内容	配分	评分标准	考场记录	扣分	得分
1	系统中3个控制开关的功用	15	每个5分			
2	3个外加开关的功用	15	每个5分			
3	相应操作使电脑可以正常控制执行器工作	10	酌情扣分			
4	调整车辆在正常高度位置	15	酌情扣分			
5	使系统可以输出故障码	15	酌情扣分			
6	加载、减载中演示车高的自由调整	30	每个15分			
7	合计	100				

2)理论考核(45 min)

序号	考核内容	配分	评分标准	考场记录	扣分	得分
1	悬架系统的作用	20	每个 5 分			
2	悬架系统的分类	15	每个 5 分			
3	半主动悬架减振器的结构以及工作原理	30	酌情扣分			
4	主动悬架系统的控制功能	20	酌情扣分			
5	空气弹簧的结构以及工作原理	15	酌情扣分			
6	合计	100				

项目五　助力转向系统的结构与工作演示

第一步：布置任务

一、项目要求

①项目名称：助力转向系统的结构与工作演示。

②计划课时：8。

③器材及工具准备：

A. 电动助力转向系统实训台 2 台；

B. 相应的跨接线，万用表；

C. 电脑及投影仪。

二、教学主要内容及目的

①熟悉电控助力转向系统的结构及工作原理。

②能够对实验台的工作进行演示。

三、相关知识准备

1. *液压式电子控制动力转向系统*

电子控制动力转向系统(EPS)可以在低速时减轻转向力，以提高转向系统的操纵稳定性；在高速时则可适当加重转向力，以提高操纵稳定性。液压式电子控制动力转向系统是在传统的液压动力转向系统的基础上增设电子控制装置而构成的。

图 5.1 所示为凌志轿车采用的流量控制式动力转向系统。由图可见，该系统主要由车速传感器、电磁阀、整体式动力转向控制阀、动力转向液压泵和电子控制单元

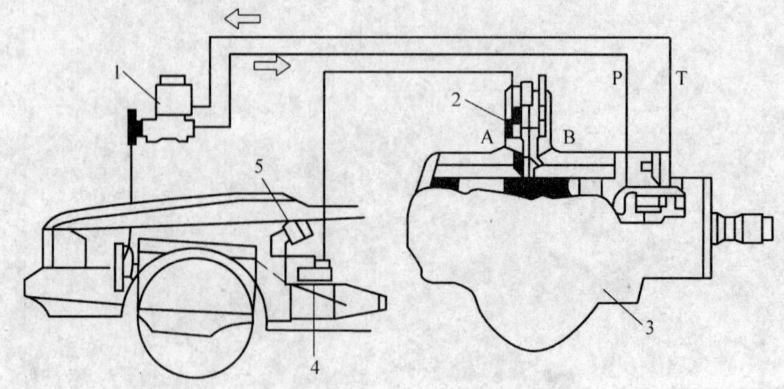

图 5.1　流量控制式动力转向系统(凌志轿车)

1—动力转向油缸；2—电磁阀；3—动力转向控制阀；4—ECU；5—车速传感器

等组成。电磁阀安装在通向转向动力缸活塞两侧油室的油道之间,当电磁阀的阀针完全开启时,两油道被电磁阀旁通。流量控制式动力转向系统是根据车速传感器的信号,控制电磁阀阀针的开启程度,从而控制转向动力缸活塞两侧油室的旁路液压油流量,来改变转向盘上的转向力。车速越高,流过电磁阀电磁线圈的平均电流值越大,电磁阀阀针的开启程度越大,旁路液压油流量越大,使液压助力作用减小,从而使转动转向盘的力增大。这就是流量控制式动力转向系统的工作原理。

2. 电动式电子控制动力转向系统

电动式电子控制动力转向系统(EPS)通常由扭矩传感器、电子控制单元(ECU)、电动机和电磁离合器等组成,如图 5.2 所示。

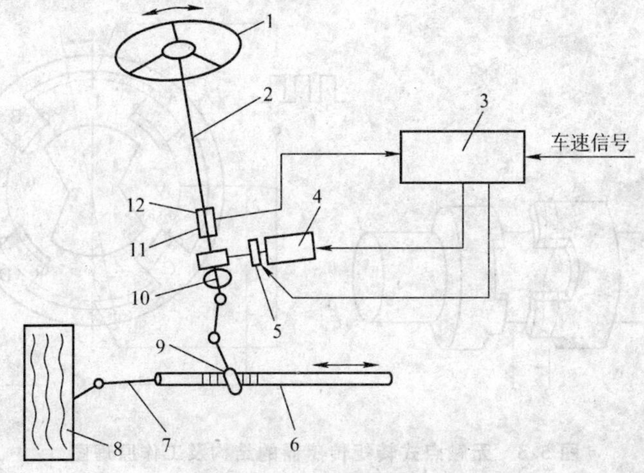

图 5.2　电动式 EPS 的组成

1—转向盘;2—输入轴;3—ECU;4—电动机;5—电磁离合器;6—转向齿条;7—横拉杆;8—转向轮;9—输出轴;10—扭力杆;11—转矩传感器;12—转向齿轮

电动式 EPS 是利用电动机作为助力源,根据车速和转向参数等,由 ECU 完成助力控制,其原理可概括如下:当操纵转向盘时,装在转向盘轴上的转矩传感器不断地测出转向轴上的转矩信号,该信号与车速信号同时输入到 ECU;ECU 根据这些输入信号,确定助力转矩的大小和方向,即选定电动机的电流和转向,调整转向辅助动力的大小;电动机的转矩由电磁离合器通过减速机构减速增扭后,加在汽车的转向机构上,得到一个与汽车工况相适应的转向作用力。

电动式 EPS 有许多液压式动力转向系统所不具备的优点:

①将电动机、离合器、减速装置、转向杆等部件装配成一个整体,这既无管道也无控制阀,使其结构紧凑、质量减小,一般电动式 EPS 的质量比液压式 EPS 质量小 25%左右;

②没有液压式动力转向系统所必需的常运转式转向液压泵,电动机只是在需要转向时才接通电源,所以动力消耗和燃油消耗均可降到最低;

③省去了油压系统,不必担心漏油;

④可以比较容易地按照汽车性能的需要设置、修改转向助力特性。

转矩传感器的作用是测量转向盘与转向器之间的相对转矩，以作为电动助力的依据之一。图 5.3 所示为无触点式转矩传感器的结构及工作原理图。在输出轴的极靴上分别绕有 A、B、C、D 四个线圈，转向盘处于中间位置（直驶）时，扭力杆的纵向对称面正好处于图示输出轴极靴 AC、BD 的对称面上。转向时，由于扭力杆和输出轴极靴之间发生相对扭转变形，极靴 A、D 之间的磁阻增加，B、C 之间的磁阻减小，各个极靴的磁通量发生变化，于是在 V、W 之间就出现了电位差。所以，通过测量 V、W 两端的电位差就可以测量出扭力杆的扭转角，于是也就知道了转向盘施加的转矩。

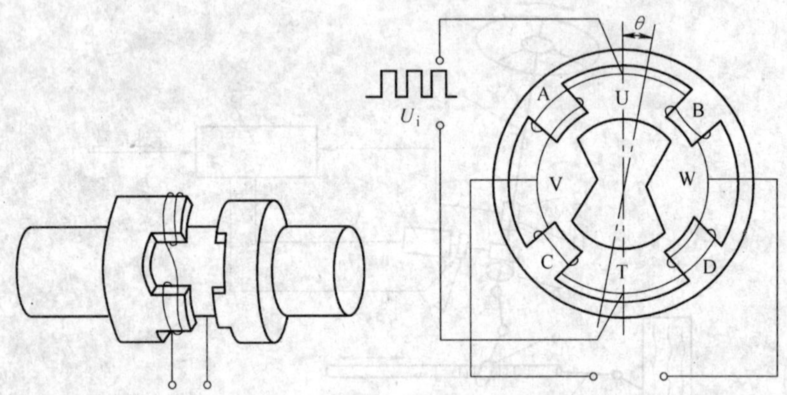

图 5.3　无触点式转矩传感器的结构及工作原理图

电动式 EPS 用电动机与启动用直流电动机的工作原理基本相同，但一般采用永久磁场。最大电流一般为 30 A，电压为 DC 12 V，额定转矩为 10 N·m 左右。转向助力用直流电动机需要正、反转控制。

电动式 EPS 一般都设定一个工作范围。当车速达到 45 km/h 时，不需要辅助动力转向，这时电动机就停止工作。为了不使电动机和电磁离合器的惯性影响转向系统的工作，离合器应及时分离，以切断辅助动力。

减速机构是电动式 EPS 不可缺少的部件。目前，实用的减速机构有多种组合方式，一般采用蜗轮蜗杆与转向轴驱动组合式，也有的采用两级行星齿轮与传动齿轮组合式。为了抑制噪声和提高耐久性，减速机构中的齿轮有的采用特殊齿形，有的采用树脂材料制成。

四、操作步骤

本课程采用 KC－6 DKDZ 电动助力转向系统实训台（如图 5.4）。实验台采用长安铃木车型电动助力转向系统的零部件设计组装而成，它能够演示电动助力转向的工作情况。利用该实验台实验能够帮助学生较快地掌握汽车电动助力转向方面的知识。

图 5.4　KC－6 DKDZ 电动助力转向系统实训台

实验前接通 AC/220 V 50 Hz 电源，按下漏电保护插头上的按钮；将万用表拨至 10 A 直流电流挡，拔下回路桥插 A，接上万用表。

（一）正常状态演示

1. 初始状态

打开控制面板电源开关，车速表为零状态，EPS 指示灯应该点亮，6 s 后熄灭，此时表示系统正常。

2. 不同车速的助力状态演示

①调整车速旋钮，缓慢转动方向盘，测量电机电流大小，此时，电流变化较小(0～1.5 A)，表示助力扭矩较小。

②调整车速旋钮，快速转动方向盘，测量电流的变化。电流变化较大(0～2.9 A)，表示助力扭矩较大。

③用加载装置给车轮加载，可感觉到不同的助力。

（二）故障状态的演示

1. 01 号故障演示

①打开故障箱门（见图 5.5），拔下 01 号故障设置插桥。

②打开控制面板上的电源开关，ESP 灯始终点亮。

③转动方向盘，体验转向助力情况，检测电机有无电流。

④插上 01 号插桥，恢复原电路。

图 5.5　故障箱

2. 02 号故障演示

①打开故障箱,拔下 02 号故障设置插桥。

②打开控制面板上的电源开关,ESP 灯始终点亮。

③转动方向盘,体验转向助力情况,检测电机无电流。

④插上 02 号插桥,恢复原电路。

3. 03 号故障演示

①打开故障箱,拔下 03 号故障设置插桥。

②打开控制面板上的电源开关,ESP 灯始终点亮。

③转动方向盘,体验转向助力情况,检测电机有无电流。

④插上 03 号插桥,恢复原电路。

4. 04 号故障演示

①打开故障箱,拔下 04 号故障设置插桥。

②打开控制面板上的电源开关,ESP 灯始终点亮。

③转动方向盘,体验转向助力情况,检测电机有无电流。

④插上 04 号插桥,恢复原电路。

5. 05 号故障演示

①打开故障箱,拔下 05 号故障设置插桥。

②打开控制面板上的电源开关,ESP 灯始终点亮。

③转动方向盘,体验转向助力情况,检测电机有无电流。

④插上 05 号插桥,恢复原电路。

6. 06 号故障演示

①打开故障箱,拔下 06 号故障设置插桥。

②打开控制面板上的电源开关,ESP 灯不亮。

③转动方向盘,体验转向助力情况,检测电机有无电流。

④插上 06 号插桥,恢复原电路。

7. 07 号故障演示

①打开故障箱,拔下 07 号故障设置插桥。

②打开控制面板上的电源开关,ESP 灯始终点亮。

③转动方向盘,体验转向助力情况,检测电机有无电流。

④插上 07 号插桥,恢复原电路。

⑤锁好故障箱门。

以上 01～07 号故障的具体情况,可参照表 5.1。

表 5.1　故障设置对照表

01	02	03	04	05
扭矩放大器	扭矩放大器	E52－8	E52－20	E52－9

续表

01	02	03	04	05
线束	线束	电脑	电脑	电脑
06	07	08	09	10
ECU	车速信号			
电源	线束			

第二步:制订计划

教师辅助学生以小组方式,根据课时、人数及教学任务,由学生自己进行信息收集(通过专业书籍、说明书或网络等各种途径查找相关知识资料,复习或学习本项目的相关知识),讨论制订出本项目中课题的工作计划。例如:

<table>
<tr><td></td><td>年级</td><td>三年级一学期</td><td>专业</td><td>汽车制造与装配</td><td>人数</td><td>30人/班</td></tr>
<tr><td>受众分析</td><td>学生知识结构</td><td colspan="5">①有一定的逻辑思维能力;
②具有自学能力;
③掌握了助力转向系统的基本组成及组成部分的工作原理;
④可以在实验台上正确、系统地工作以及进行故障演示</td></tr>
<tr><td rowspan="9">制订计划</td><td rowspan="3">教师布置课题分组</td><td>组别</td><td>课题</td><td>课时</td><td>人数</td><td>组长</td></tr>
<tr><td>1</td><td>正常状态演示</td><td>4</td><td>15</td><td></td></tr>
<tr><td>2</td><td>故障状态的演示</td><td>4</td><td>15</td><td></td></tr>
<tr><td>学生计划</td><td colspan="5">学生根据本项目及组别的课题安排及实训设备情况进行信息收集,制订工作计划。例如:
①根据项目要求写出整个操作过程的步骤;(可在实训课前完成)
②根据项目制订所需工具计划;
③写出组内分工计划或轮岗计划</td></tr>
<tr><td>学生讲解</td><td colspan="5">每组学生选派一人讲解本组计划,其他组提出不同见解。每组重新修订计划,定稿后交给教师评价(可在课前学生自行完成,也可由教师组织完成)</td></tr>
<tr><td>教师辅助</td><td colspan="5">教师评价各个计划的可实施性,对于不可实施的教师提出意见,由学生进行修改。再评价、再修改直到可实施</td></tr>
<tr><td>实操指导</td><td colspan="5">学生根据自己的计划进行工作,教师观察其操作情况并做指导以及时纠正错误。根据各组的不同情况有针对性地做进一步讲解</td></tr>
<tr><td>岗位轮换</td><td colspan="5">教师控制整个项目的课时,每组课时结束进行课题轮换</td></tr>
<tr><td>备注</td><td colspan="5"></td></tr>
</table>

第三步:实施课题任务

学生根据计划完成自己的任务,教师观看、指导。

第一组:正常状态演示。

操作步骤:实验前接通 AC/220 V 50 Hz 电源,按下漏电保安插头上的按钮;将万用表拨至 10 A 直流电流挡,拔下回路桥插 A,接上万用表。

①打开控制面板电源开关,车速表为零状态,ESP 指示灯应该点亮,6 s 后熄灭。

②不同车速的助力状态演示。

③用加载装置给车轮加载,感觉不同的助力。

第二组:故障状态的演示。

①01 号故障演示。

②02 号故障演示。

③03 号故障演示。

④04 号故障演示。

⑤05 号故障演示。

⑥06 号故障演示。

⑦07 号故障演示。

第四步:检查实训过程

①教师根据实训内容进行演示教学或操作步骤讲解。学生进行实践操作时,教师巡视检查学生操作情况,及时指出学生的错误操作或注意事项。

②学生在操作时,同组成员观察操作情况并互相提醒,操作的学生可随时查看工作计划或工作页,做到自我检查,保证操作的规范性和准确性。

③学生计划完成后,首先要进行自检,小组成员对本次任务进行的评价;然后教师检查学生的完成效果。

第五步:评价总结

一、自我评价

学生自我评价,同时与组内同学讨论,交流心得。

二、课题考核

1. 考核要求

按正确的操作步骤进行检测。

2. 实训考核(30 min)

序号	考核内容	配分	评分标准	考场记录	扣分	得分
1	检查系统是否正常	10	不会检查扣 10 分			

续表

序号	考核内容	配分	评分标准	考场记录	扣分	得分
2	助力较小的演示	20	根据情况酌情扣分			
3	助力较大的演示	20	根据情况酌情扣分			
4	加载时的助力演示	20	根据情况酌情扣分			
5	01 号故障	10	酌情扣分			
6	02 号故障	10	酌情扣分			
7	03 号故障	10	酌情扣分			
8	分数合计	100				

3. 理论考试(30 min)

序号	考核内容	配分	评分标准	考场记录	扣分	得分
1	液压助力转向系统的分类以及工作原理	30	酌情扣分			
2	电动助力转向系统的优点	30	酌情扣分			
3	电动助力转向系统的组成与原理	40	酌情扣分			
4	分数合计	100				

项目六　电子控制自动变速器的结构与拆装

第一步:布置任务

一、项目要求

①项目名称:电子控制自动变速器的结构与拆装。

②计划课时:15。

③器材及工具准备:

A. 电脑主机以及投影仪;

B. 典型的辛普森自动变速器 4 台;

C. 套筒扳手 3 套、扭力扳手 3 把,游标卡尺 3 把、钢尺 3 把、卡簧钳 3 个,油泵拉力器 3 个。

二、教学主要内容及目的

①了解自动变速器的优点。

②掌握自动变速器的结构。

③熟悉液力变矩器的工作原理。

④能够对自动变速器进行拆装。

三、相关知识准备

1. 自动变速器的优点

相比于传统的机械式手动变速器,自动变速器具有如下优点:

①汽车起步平稳,能吸收、衰减振动与冲击,提高乘坐的舒适性;

②自动适应行驶阻力和发动机工况的变化,实现自动换挡,有利于提高汽车的动力性和平均车速;

③液力变矩器使传动系统的动载荷减小,提高汽车的使用寿命;

④驾驶操纵简单,实现换挡自动化,有利于行车安全。

自动变速器的主要缺点是结构复杂、成本高,传动效率相对偏低,导致油耗高于机械变速器。但是,现代汽车普遍采用的电子控制自动变速器,可按照最佳油耗规律控制自动换挡,加之采用了超速挡和变矩器闭锁控制等,从而使自动变速器的油耗有了明显的下降。

2. 自动变速器类型

1)按前进挡位数分类

按前进挡的挡数的不同,自动变速器可分为 2(前进)挡、3 挡和 4 挡自动变速器等。

2)按变矩器的类型分类

按液力变矩器的类型,自动变速器大致可分为普通液力变矩器式、综合液力变矩器式和带闭锁离合器的液力变矩器式自动变速器三种。

3)按控制方式分类

按控制方式的不同,自动变速器可分为全液压自动变速器和电子控制自动变速器两种。

3. 电子控制自动变速器组成

电子控制自动变速器主要由液力变矩器、辅助变速器、电液控制系统等几个部分组成。

液力变矩器位于自动变速器的最前端,安装在发动机的飞轮上。它是通过工作轮叶片的相互作用,引起机械能与液体能的相互转换来传递动力,通过液体动量矩的变化来改变转矩的传动元件,具有无级连续改变速度与转矩的能力。液力变矩器对外部负载有良好的自动调节和适应性能,从根本上简化了操作;液力变矩器能使车辆平稳起步,加速迅速、均匀、柔和;液力变矩器由于用液体来传递动力,进一步降低了尖峰载荷和扭转振动,延长了动力传动系统的使用寿命,从而提高了乘坐舒适性和车辆平均行驶速度及安全性和通过性。

液力变矩器的结构如图 6.1 所示,与耦合器的区别是在泵轮 P 与涡轮 T 之间增加了一个固定在单向离合器上的导轮 D。油液在各工作轮(P、T 与 D)组成的闭合的循环流道(循环圆)内传递动力,发动机带动泵轮旋转,其离心力使油液在泵轮中向半径大的方向流动,封闭的循环圆迫使液体冲进涡轮,推动叶片转动,以驱动汽车。为了提升涡轮上的转矩,一般叶片是空间曲面,使液体离开涡轮时,方向与流入涡轮时的方向相反,以产生尽可能大的动量矩,从而提供最有效的转矩传递。导轮的作用是再将液体回流至泵轮,且使流动方向再次反向。液体回流至泵轮后,推动其叶片的后表面,促使泵轮旋转,故在来自发动机转矩的基础上,再加上从导轮回流的转矩,将合成的转矩传递至涡轮。导轮上受到的转矩 T_D 随泵轮与涡轮的转速差的减小而逐渐变小。当涡轮转速升高、涡轮出口油液的速度方向与导轮弧形叶片相切时,导轮上受到的转矩为零。

液力变矩器的无级变速性能虽然很好,但从经济性考虑它不能完全满足车辆改变速度和变化动力两方面的要求,故需与齿轮传动串联或并联,以扩大其传动比与高效率工作范围。虽然人们熟悉的定轴式机械变速器工艺性好、成本低,但由于行星齿轮传动易于实现自动化、结构紧凑、质量小,特别是其具有与液力变矩器配合可实现功率分流的长处,故目前自动变速器 AT 中多采用行星齿轮式自动变速器。行星齿轮变速器包括行星齿轮组和换挡执行机构。换挡执行机构可以使星齿轮组处于不同的啮合状态,以实现不同的传动比。大部分行星齿轮变速器有 3~4 个前进挡和 1 个倒挡。机械传动在 AT 中属于辅助地位,故又称其为辅助变速器。

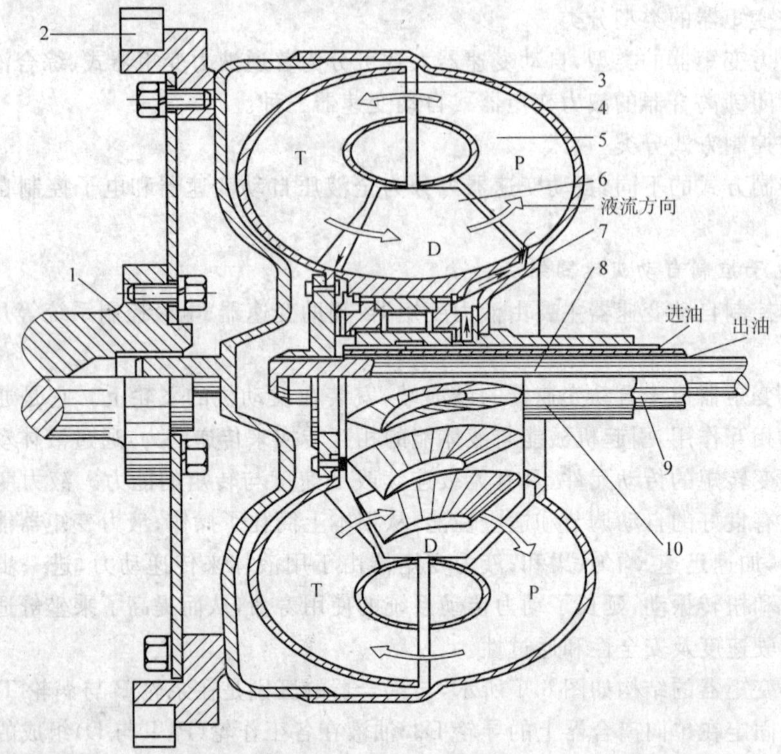

图 6.1 液力变矩器

1—曲轴;2—齿圈;3—涡轮;4—泵轮;5—循环圆;6—导轮;7—单向离合器;8—涡轮轴;9—单向离合器固定套;10—泵轮轴套

1)单排行星齿轮传动原理

行星传动类型很多,最简单的是由太阳轮 S、齿圈 R、行星架 C 和行星架上的行星齿轮组成。实际行星齿轮变速器中是多个行星排的组合轮系,这时传动比可以通过解各个单行星排的运动方程及结构的约束方程所组成的联立方程组来得到。

2)换挡执行机构

因为所有齿轮都处于常啮合状态,AT 挡位变换不同于手动变速器用移动拨叉变速,它是以对行星机构的基本元件进行约束来实现的。通常有离合器、制动器和单向离合器三种执行机构,具有连接、固定或锁止功能,使变速器获得不同传动比,从而达到换挡的目的。

(1)离合器

离合器的作用是连接行星排二元件成为一体,采用的是多片湿式结构。通常由离合器鼓、活塞、回位弹簧、钢片与摩擦片组、离合器毂及密封圈组成。离合器鼓与输入轴相连,离合器毂与输出轴相连。

(2)制动器

制动器的作用是使所控制元件固定不转,它分为带式与片式两种。带式制动器由制动带及其伺服装置(控制液压缸)组成。

(3)单向离合器

单向离合器可以起到离合器与制动器的作用,但和离合器与制动器所不同的是,单向离合器是以单向锁止原理来实现固定或连接作用。单向离合器传递转矩容量大,空转时摩擦小,且无须控制机构,工作完全由与之相连的元件的方向控制,瞬间即可接合或分离,自动切断或接通变速时转矩,从而保证平顺无冲击换挡,且简化了液压控制系统。早期的自动变速器,为了提高换挡品质,普遍采用单向离合器,反而使结构变得更加复杂。随着电控自动变速器的发展,采用电控软件技术同样可以达到换挡平顺的目的。因此,取消与减少单向离合器已成为自动变速器的一种趋势。

3)控制系统

液力自动变速器的控制系统有液压式和电液式两种。新型液力自动变速器均采用了电液式控制系统,简称电子控制自动变速器(ECT)。

四、操作步骤

本课程采用的自动变速器为典型的带有超速挡的辛普森式自动变速器(如图6.2),而工具则采用世达工具(见图6.3、图6.4)。

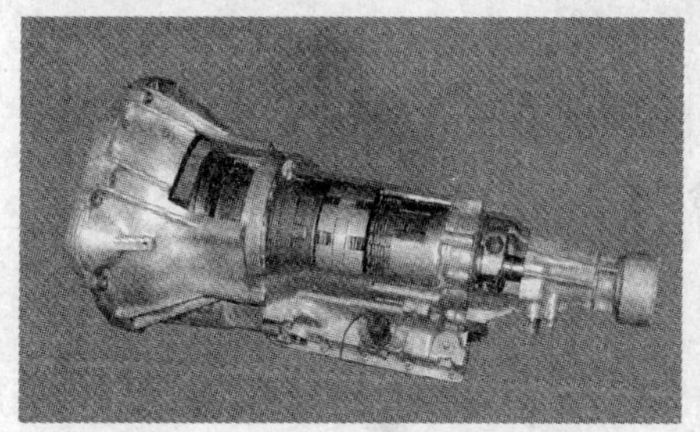

图6.2 辛普森式自动变速器

图6.3 世达工具

自动变速器拆装步骤如下(参见图6.5～图6.8)。

图6.4 世达扭力扳手

①放出自动变速器油底壳内的变速器油,拆下变速器油底壳。

②取下电磁阀线束、卸下节气门拉索,拆下阀体。

③观察带式制动器 B_1、B_2、B_3 的位置以及结构。

④用钢尺和游标卡尺测量变矩器的安装表面到变速器壳前端面的距离。

⑤拆卸油泵油封。

⑥卸下油泵螺栓,用拉力器拉出油泵。

⑦测量离合器 C_2 前端面与变速器壳体前端面的距离。

⑧取出离合器 C_1、C_2,卸下带式制动器 B_1 及其液压缸活塞和弹簧。

⑨取出其他行星齿轮机构零件,观察换挡执行元件 B_2、F_1、B_3、F_2 的位置。

⑩拆下变速器后端盖,卸下超速行星齿轮机构,观察 C_0、B_0、F_0 的位置。

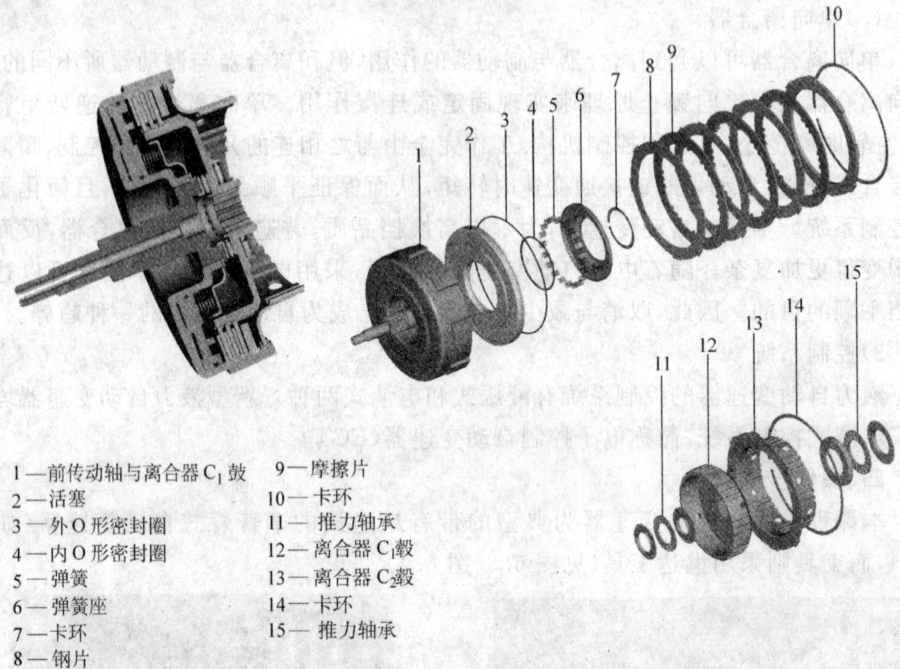

图 6.5　离合器 C_1

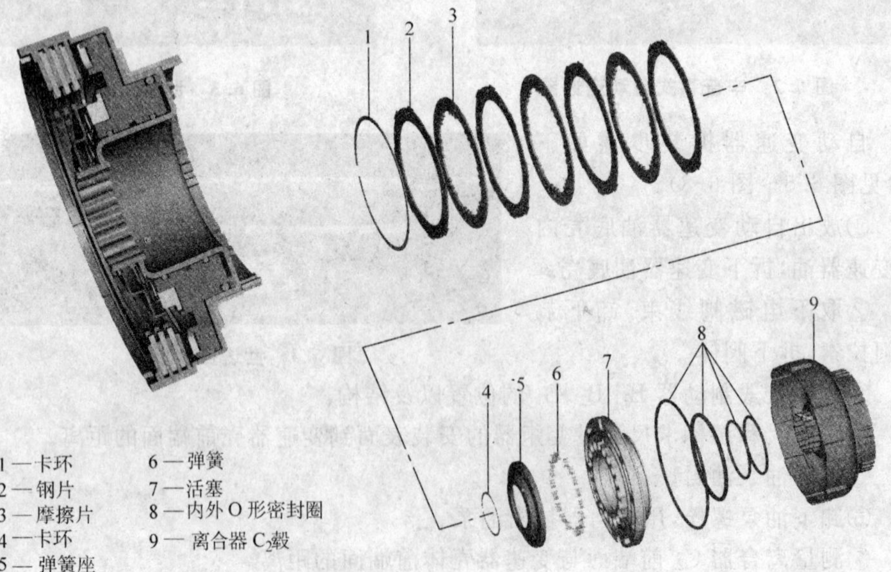

图 6.6　离合器 C_2

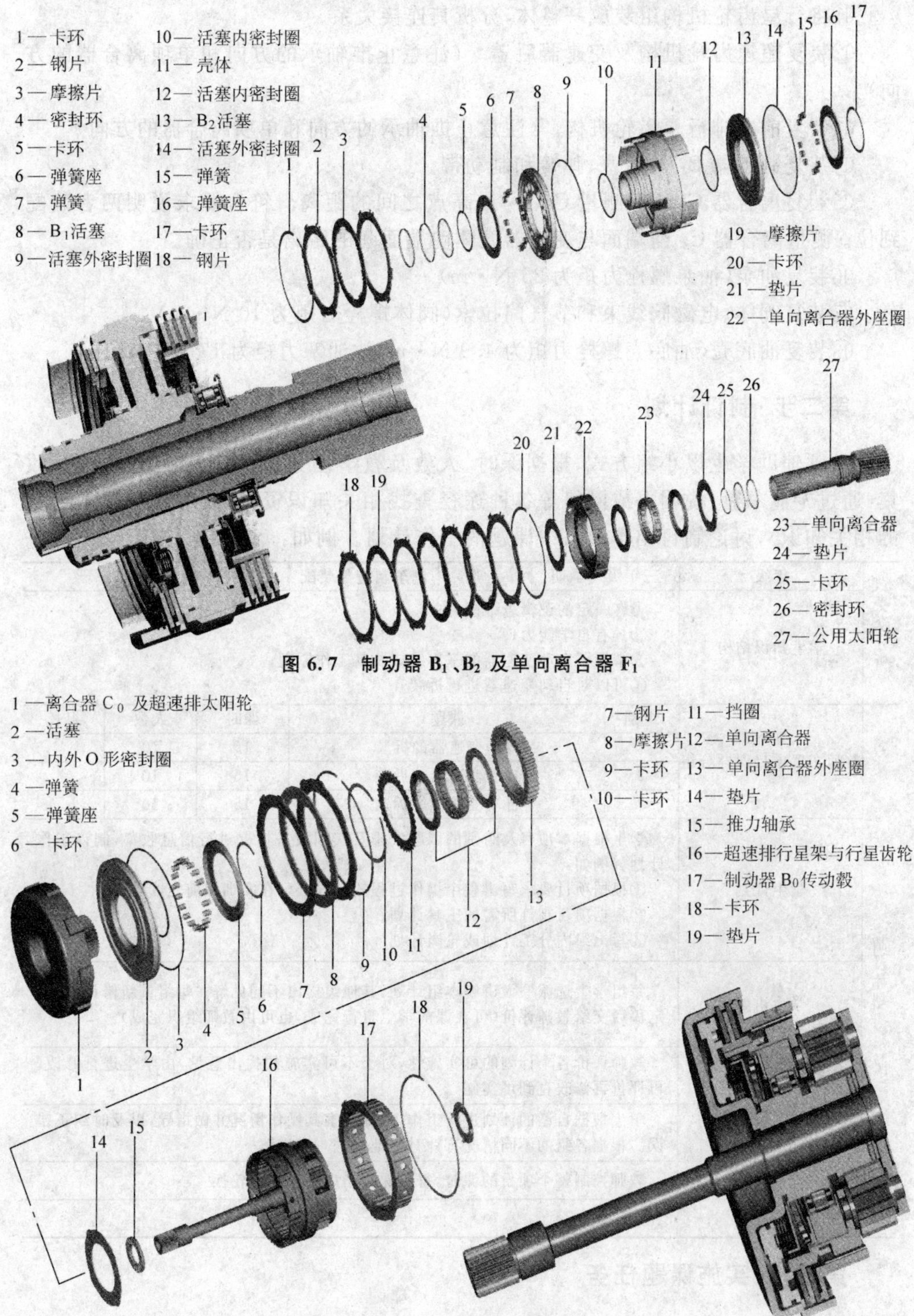

图 6.7　制动器 B_1、B_2 及单向离合器 F_1

图 6.8　超速行星齿轮机构

⑪将行星齿轮机构组装成一整体，分析其连接关系。

⑫装复超速齿轮机构及变速器后盖。（注意止推轴承的方向和单项离合器的方向）

⑬装复前两排行星齿轮机构。（注意止推轴承的方向和单项离合器的方向）

⑭装复制动器 B_1 的活塞、弹簧和制动带。

⑮装复离合器 C_1、C_2，测量 C_1、C_2 最高点之间的距离。符合要求说明两者装配到位。测量离合器 C_2 前端面与变速器壳体前端面间的距离是否正确。

⑯装复油泵（油泵螺栓力矩为 25 N·m）。

⑰装复阀体、电磁阀线束和节气门拉索（阀体螺栓力矩为 10 N·m）。

⑱装复油底壳（油底壳螺栓力矩为 4.9 N·m，放油塞力矩为 17 N·m）。

第二步：制订计划

教师辅助学生以小组方式，根据课时、人数及教学任务，由学生自己进行信息收集（通过专业书籍、说明书或网络等各种途径查找相关知识资料，复习或学习本项目的相关知识），讨论制订出本项目中课题的工作计划。例如：

<table>
<tr><td rowspan="2">受众分析</td><td>年级</td><td>三年级一学期</td><td>专业</td><td>汽车制造与装配</td><td>人数</td><td>30 人/班</td></tr>
<tr><td>学生知识结构</td><td colspan="5">①有一定的逻辑思维能力；
②具有自学能力；
③掌握了自动变速器的基本组成及其工作原理；
④可以对自动变速器进行拆装</td></tr>
<tr><td rowspan="10">制订计划</td><td rowspan="4">教师布置项目课题分组</td><td>组别</td><td colspan="2">课题</td><td>课时</td><td>人数</td><td>组长</td></tr>
<tr><td>1</td><td colspan="2">自动变速器的拆装</td><td>15</td><td>10</td><td></td></tr>
<tr><td>2</td><td colspan="2">自动变速器的拆装</td><td>15</td><td>10</td><td></td></tr>
<tr><td>3</td><td colspan="2">自动变速器的拆装</td><td>15</td><td>10</td><td></td></tr>
<tr><td>学生计划</td><td colspan="5">学生根据本项目及组别的课题安排及实训设备情况进行信息收集，制订工作计划。例如：
①根据项目要求写出整个操作过程的步骤；（可在实训课前完成）
②根据项目制订所需的工具计划；
③写出组内分工计划或轮岗计划</td></tr>
<tr><td>学生讲解</td><td colspan="5">每组学生选派一人讲解本组计划，其他组提出不同见解。每组重新修订计划，定稿后交给教师评价（可在课前学生自行完成，也可由教师组织完成）</td></tr>
<tr><td>教师辅助</td><td colspan="5">教师评价各个计划的可实施性，对于不可实施的提出意见，由学生进行修改。再评价再修改直到可实施</td></tr>
<tr><td>实操指导</td><td colspan="5">学生根据自己的计划进行工作，教师观察其操作情况并做指导，以及时纠正错误。根据各组的不同情况有针对性地做进一步讲解</td></tr>
<tr><td>岗位轮换</td><td colspan="5">教师控制整个项目的课时，每组课时结束进行课题轮换</td></tr>
<tr><td>备注</td><td colspan="5"></td></tr>
</table>

第三步：实施课题任务

学生根据计划完成自己的任务，教师观看、指导。

第一、二、三组:自动变速器的拆装。

操作步骤同上。

第四步:检查实训过程

①教师根据实训内容进行演示教学或操作步骤讲解。学生进行实践操作时,教师巡视检查学生操作情况,及时指出学生的错误操作或注意事项。

②学生在操作时,同组成员观察操作情况并互相提醒,操作的学生可随时查看工作计划或工作页,做到自我检查,保证操作的规范性和准确性。

③学生计划完成后,首先要进行自检,小组成员对本次任务进行的评价;然后教师检查学生的完成效果。

第五步:评价总结

一、自我评价

学生自我评价,同时与组内其他同学讨论,交流心得。

二、课题考核

1. 考核要求

按正确的操作步骤进行检测。

2. 实训考核时间(30 min)

序号	考核内容	配分	评分标准	考场记录	扣分	得分
1	拆卸前的准备工作	20	酌情扣分			
2	齿轮的拆装	20	酌情扣分			
3	制动器的拆装	30	酌情扣分			
4	单向离合器的拆装	30	酌情扣分			
5	分数合计	100				

3. 理论考试(30 min)

序号	考核内容	配分	评分标准	考场记录	扣分	得分
1	自动变速器的优点	30	酌情扣分			
2	液力耦合器和变矩器结构工作原理	30	酌情扣分			
3	自动变速器的类型	40	酌情扣分			
4	分数合计	100				

项目七　自动变速器的控制原理及工作演示

第一步：布置任务

一、项目要求

①项目名称：自动变速器的控制原理及工作演示。

②计划课时：10。

③器材及工具准备：

A. 电控自动变速器实验台；

B. 电脑主机 1 台；

C. 投影机以及相应导线插座。

二、教学主要内容及目的

①熟悉自动变速器的换挡规律。

②掌握自动变速器的电控系统的结构。

③能够对电控自动变速器实验台进行操作。

④教学过程中注意学生综合素质的提高，特别是学生的创新能力和动手操作能力的培养。

三、相关知识准备

电子控制自动变速器采用电液式控制系统。即电控液压操纵系统。电液式控制系统的核心是电子控制系统，电子控制系统由信号输入装置（传感器、控制开关）、电子控制装置（ECU）、执行机构三部件组成，如图 7.1 所示。传感器将汽车及发动机的各种运动参数转变为电信号，ECU 根据这些电信号，按照设定的控制程序发出控制信号，通过各种电磁阀（换挡电磁阀、油压电磁阀等）来操纵阀体总成中各个控制阀的工作，以完成各种控制任务。

1. 自动换挡规律

在自动变速器中，自动换挡规律关系到动力传动系统各总成潜力的挖掘与整体最优性能的发挥，直接影响车辆的动力性、燃料经济性、通过性及对环境的适应能力，故它是自动变速器中最核心的技术。换挡规律是指两排挡间自动换挡时刻随控制参数变化的关系。它应该是单值的，即对输入变量（换挡控制参数）的每一组合，仅存在唯一的输出状态——要么维持现状，要么升挡或降挡。

在人—车—路的大系统中，汽车控制的优劣主要反映在车辆与环境（路）的协调、车辆与人的协调上。故电子自动控制系统可存储多种规律供驾驶员选用，不仅有经济性规律、动力性（又称运动型）规律，而且还有一般（日常）规律、环境温度及随外界条件变化的规律等，即换挡点可以自由设定为各种规律。

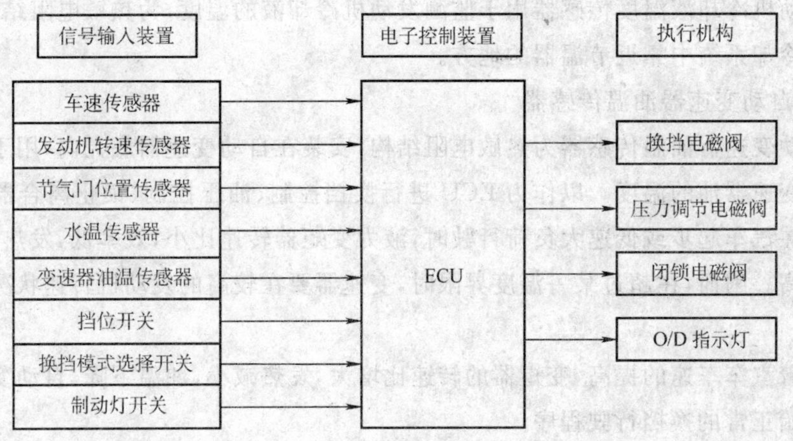

图 7.1　电子控制系统

2. 信号输入装置

电子控制自动变速器用到的信号输入装置有传感器和开关，产生的信号一般有脉冲、模拟、开关三种形态。速度传感器产生脉冲信号，温度传感器产生模拟信号，选择开关则产生开关信号。

1）节气门位置传感器

节气门位置传感器安装在发动机节气门体上并与节气门联动，是由驾驶员通过节气门踏板来控制的。

其作用是测量发动机节气门的开度，使 ECU 了解发动机负荷，以此作为自动变速器换挡的一个依据。这与液压控制系统中节气阀的作用是类似的。

节气门位置传感器既可用于电子控制燃油喷射系统，也可用于电子控制的自动变速器。

2）发动机转速传感器

发动机转速测量常用脉冲信号式转速传感器，除测量转速外，它还可以测量发动机曲轴角度位置。

3）车速传感器

车速传感器用于测量汽车的行驶速度，常用的有电磁感应式车速传感器和光电式车速传感器。

4）输入轴转速传感器

输入轴转速传感器与车速传过感器类似，也是一种电磁感应式转速传感器。它安装在行星齿轮机构输入轴（液力变矩器涡轮输出轴）附近或与输出轴连接的离合器鼓附近的壳体上，用于检测行星齿轮变速器输入轴转速，以更精确地控制换挡过程。

5）发动机冷却液温度传感器

发动机冷却液温度传感器用于监测发动机冷却液的温度，为热敏电阻结构，通常是位于冷却系统中靠近节温器的地方。

6）自动变速器油温传感器

自动变速器油温传感器为热敏电阻结构，安装在自动变速器底壳内，用于连续监控自动变速器油的温度。以作为 ECU 进行换挡控制、油压控制、锁止离合器控制的依据。在汽车起步或低速大负荷行驶时，液力变矩器转速比小，效率低，发热严重，造成油温高。因而，在超过某一温度界限时，变速器要在较高的发动机转速状况下才开始换挡。

随着汽车车速的提高，变矩器的转速比增大，发热减小，油温下降，自动变速器又重新开始正常的换挡行驶程序。

7）超速挡开关

超速挡开关通常装在自动变速器操纵手柄上，用于控制变速器的超速挡。在驾驶室仪表盘上，有超速挡切断指示灯（“O/D OFF”指示灯）显示超速挡开关的状态。

8）换挡模式开关

换挡模式开关又称程序开关，用于选择自动变速器的换挡控制模式，即选择自动变速器的换挡规律，以满足不同的使用要求。

9）空挡启动开关

空挡启动开关是一个多功能开关，不仅具有控制启动继电器线圈电路的功能，还可将变速器操纵手柄位置的信息传送给自动变速器的 ECU，使 ECU 可判断操纵手柄的位置。

10）停车制动开关

停车制动开关安装在制动踏板支架上，当踩下制动踏板时开关接通。ECU 根据制动开关信号，松开变矩器闭锁离合器，同时停车灯亮。

3. ECU

ECU 实质上是向换挡执行机构发出换挡指令的发生器。它接收来自车速、油门、加速度及换挡选择机构所传来的信号，进行比较和处理，并按预定的规律选择挡位和换挡时刻，及时发出相应的换挡指令至换挡执行机构。ECU 的功能包括控制换挡时刻、控制超速行驶、控制闭锁离合器、控制换挡品质、故障诊断与失效保护等。

1）控制换挡时刻

换挡控制即控制自动变速器的换挡时刻，也就是在汽车达到某一车速时，让自动变速器升挡或降挡。ECU 可以让自动变速器在汽车的任何行驶条件下都按最佳换挡时刻进行换挡，从而使汽车的动力性和经济性等指标达到最佳。汽车自动变速器的操纵手柄或模式开关处于不同位置时，对汽车的使用要求不同，换挡规律也不同，通常将汽车在不同使用要求下的最佳换挡规律以自动换挡图的形式储存在 ECU 的存储器中。汽车在行驶时，ECU 根据模式开关和操纵手柄的信号从存储器中选出相应的自动换挡图，再将车速传感器、节气门位置传感器处测得的车速、节气门开度与所选的自动换挡图进行比较。如在一定节气门开度下行驶的汽车达到设定的换挡车速时，ECU 便向换挡电磁阀发出电信号，由电磁阀的动作决定压力油通往各操纵元件的流向，以实现挡位的自动变换。

不同换挡模式下的换挡规律是不一样的，常见的换挡模式大致有以下几种。

(1) 经济模式

该模式以汽车获得最佳燃油经济性为目标设计换挡规律。当自动变速器在经济模式下工作时，其换挡规律使汽车在行驶过程中，发动机经常在经济转速范围内运行，从而降低了燃油消耗。这种换挡规律，通常当发动机转速相对较低时，就会换入高一挡，即提前升挡。

(2) 动力模式

该模式以汽车获得最大动力性为目标设计换挡规律。当自动变速器在动力模式下工作时，其换挡规律使汽车在行驶过程中，发动机经常处在大转矩、大功率范围内运行，从而提高了汽车的动力性能。通常这种换挡规律，只有发动机转速较高时，才能换入高一挡，即延迟升挡。

(3) 普通模式

普通模式的换挡规律介于经济模式与动力模式之间。它使汽车既保证了一定的动力性，又有较好的燃油经济性。

(4) 手动模式

该模式让驾驶员可在各挡位之间以手动方式选择合适的挡位，使汽车像装用了手动变速器一样行驶，而又不必像手动变速器那样换挡时必须踩离合器踏板。

四、操作步骤

本课程采用 ATC－J2 型自动变速器实训台(如图 7.2)。本实训台采用丰田 A340E 电控四速后驱辛普森轮系自动变速器，输入端采用电机拖动，输出端采用盘式制动。配有自动变速器控制

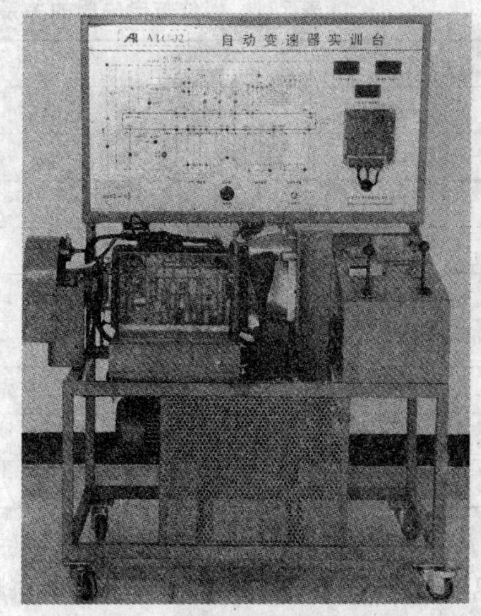

图 7.2　ATC－J2 型自动变速器实训台

ECU 和换挡装置。箱体透明,使得行星齿轮系的工作与阀体及液压元件工作清晰可见。显示面板上设有制动、P/N 及挡位、电磁阀工作、O/D 灯、节气门开度、车速等显示,同时还有模式选择、诊断座、水温模拟等操控装置。操纵实验台设有电源开关、输入转速、点火开关、油压显示、制动手柄、节气门手柄、换挡装置等。

其演示步骤如下。

①将控制台上的电源开关扳向 ON,再将调速控制器上的电源开关扳向 ON 位,此时控制器上的通电指示灯应点亮,同时检查调速旋钮是否在零位。如果正常,检查换挡装置挡位是否为 P 或 N 位(注意只有换挡手柄在 P 或 N 时点火开关才能启动)。正确后将点火开关钥匙顺时针旋转一挡,此时显示面板上的 S_1 电磁阀灯、气节门开度表、车速表点亮,P/N 显示当前挡位。

②将点火开关钥匙再顺时针旋转一挡即可启动电机。启动后应随即松手,(按住换挡装置上的解除开关,拉下制动手柄可解除驻车挡)然后将挡位挂入 D 挡,挡位表显示 1 挡位。顺时针调节调速旋钮使自动变速器低速运转数分钟预热,并注意观察机器有无泄油及运转噪声。

③机器正常、温度适宜时,继续调节调速旋钮以增高变速器输入转速,此时随着变速器转速的逐渐增高,可以通过 S_1 和 S_2 换挡电磁阀指示灯的亮灭及挡位表显示来观察自动变速从 4 挡到 1 挡的降挡过程。在操作过程中也可以同时调节速度调整旋钮和节气门手柄,观察自动变速控制 ECU 在不同工作下给出的换挡点是否一致。S_1 和 S_2 换挡电磁阀的亮灭参照表 7.1。

表 7.1　挡位与电磁阀的关系("O"为工作,"—"为不工作)

	电磁阀		
档位	S_1	S_2	S_L
D_1	—	—	
D_2	O	O	—
D_3	—	O	—
D_4	—	—	—
2—1	O	—	—
2—1	O	O	—
L	O	—	—
R	—	—	—

在自动变速器进行升挡、降挡演示时,可通过箱体窗口观察到各挡位的工作运转情况及执行元件的动作情况,通过油底窗口观察观察到阀板上油路和电磁阀的开闭状态。

⑤将换挡手柄分别置于R位、2位、l位时对应挡位应显示在控制面板上的P/N及挡位显示表，从低速到高速调节调速旋钮，则可以观察到自动变速器R位转动方向的变化、自动变速2位的从1挡到2挡的升挡过程随后保持不变、自动变速器L位的1挡保持不变。同时可以通过箱体窗口观察到各挡位的工作运转情况及执行元件的动作情况，通过油底窗口观察到阀板上油路变化和电磁阀的开闭状态，如图7.3所示。

图7.3　通过油底窗口到阀板上油路变化和电磁阀的开闭状态

⑥在3挡或4挡位时将调速控制器的调速旋钮调节到900 r/min左右时，调节水温模拟旋钮显示在表盘上0位置时，变矩器应处于未锁止状态，在拉住制动手柄的情况下锁止电磁阀也处于未锁止状态。将调速控制器的调速旋钮调节到900 r/min左右时，调节水温模拟旋钮显示在表盘上3位置时、气节门开度调节在10%～20%时锁止电磁阀工作。

⑦在进行换挡操作的同时，可以从主油压表的摆针动作形象地反映出自动变速器内部主油压在换挡及节气门开度变化时的油压变化。

⑧在高挡位如需强制降挡，按换挡装置上的超速挡解除开关(O/D)即可，通过S_2换挡电磁阀指示灯的亮灭变化看是否解除超速挡(当S_2指示灯点亮时没有超速挡，同时O/D灯也点亮，解除强制降挡后O/D灯会熄灭。)

⑨通过调节水温模拟旋钮可改变水温传感器的电压输入值。当水温调节模拟旋钮显示在表盘上0位置时，可顺利升入D_4挡，顺时针旋转水温模拟旋钮使得电压值增大。此时可以观察到水温的变化对自动变速器运转的影响(在低水温的情况下D挡位不会升到4挡)。正常工作演示时水温调节模拟旋钮显示应在表盘上0位置。

⑩运转时可通过模式开关来选择经济模式或动力模式(按下模式开关为动力模式，保持原位不变为经济模式)。

⑪在演示运转结束后，应将换挡手柄拨至P位，关闭点火，拔下钥匙，然后关闭

电源总开关。

第二步:制订计划

教师辅助学生以小组方式,根据课时、人数及教学任务,由学生自己进行信息收集(通过专业书籍、说明书或网络等各种途径查找相关知识资料,复习或学习本项目的相关知识),讨论制订出本项目课题的工作计划。例如:

<table>
<tr><td rowspan="2">受众分析</td><td>年级</td><td>三年级一学期</td><td>专业</td><td>汽车制造与装配</td><td>人数</td><td>30人/班</td></tr>
<tr><td>学生知识结构</td><td colspan="5">①有一定的逻辑思维能力;
②具有自学能力;
③掌握了自动变速器电控系统的基本组成及其工作原理;
④可以对自动变速器实验台进行演示</td></tr>
<tr><td rowspan="11">制订计划</td><td rowspan="4">教师布置课题分组</td><td>组别</td><td>课题</td><td>课时</td><td>人数</td><td>组长</td></tr>
<tr><td>1</td><td>自动变速器实训台演示</td><td>10</td><td>10</td><td></td></tr>
<tr><td>2</td><td>自动变速器实训台演示</td><td>10</td><td>10</td><td></td></tr>
<tr><td>3</td><td>自动变速器实训台演示</td><td>10</td><td>10</td><td></td></tr>
<tr><td>学生计划</td><td colspan="5">学生根据本项目及组别的课题安排及实训设备情况进行信息收集,制订工作计划。例如:
①根据项目要求写出整个操作过程的步骤;(可在实训课前完成)
②根据项目确定所需的工具;
③写出组内分工计划或轮岗计划</td></tr>
<tr><td>学生讲解</td><td colspan="5">每组学生选派一人讲解本组计划,其他组提出不同见解。每组重新修订计划,定稿后交给教师评价(可在课前学生自行完成,也可由教师组织完成。)</td></tr>
<tr><td>教师辅助</td><td colspan="5">教师评价各个计划的可实施性,对于不可实施,教师提出意见,由学生进行修改。再评价、再修改直到可实施</td></tr>
<tr><td>实操指导</td><td colspan="5">学生根据自己的计划进行工作,教师观察其操作情况并做指导,以及时纠正错误。根据各组的不同情况有针对性地做进一步讲解</td></tr>
<tr><td>岗位轮换</td><td colspan="5">教师控制整个项目的课时,每组课时结束进行课题轮换</td></tr>
<tr><td>备注</td><td colspan="5"></td></tr>
</table>

第三步:实施课题任务

学生根据计划完成自己的任务,教师观看、指导。

第一、二、三组:自动变速器实训台演示。

操作步骤同上述。

第四步:检查实训过程

①教师根据实训内容进行演示教学或操作步骤讲解。学生进行实践操作时,教

师巡视检查学生操作情况，及时指出学生的错误操作或注意事项。

②学生在操作时，同组成员观察操作情况并互相提醒，操作的同学可随时查看工作计划或工作页，做到自我检查，保证操作的规范性和准确性。

③学生计划完成后，首先进行自检，小组成员对本次任务进行评价；然后教师检查学生的完成效果。

第五步：评价总结

一、自我评价

学生自我评价，同时与组内同学讨论，交流心得。

二、课题考核

1. 考核要求

①按正确的操作步骤进行检测。

②操作时应能进行相应的讲解，报出所进行的项目和测量的结果。

2. 考核时间

120 min。

1)实训考核(60 min)

序号	考核内容	配分	评分标准	考场记录	扣分	得分
1	打开系统相关电源，让仪表显示	10	酌情扣分			
2	调整发电机转速，观察挡位转换	15	酌情扣分			
3	改变节气门，观察挡位转换	15	酌情扣分			
4	做升挡和降挡演示	15	酌情扣分			
5	改变冷却水温度，观察挡位变化	15	酌情扣分			
6	设置故障读取故障码，观察挡位变化	30	酌情扣分			
7	合计	100				

2)理论考试(60 min)

序号	考核内容	配分	评分标准	考场记录	扣分	得分
1	电控系统的基本组成	20	酌情扣分			
2	自动变速器的换挡规律	30	酌情扣分			
3	不同换挡模式的优缺点	30	酌情扣分			
4	各组成部分的基本情况	20	酌情扣分			
5	分数合计	100				

项目八 自动变速器电控系统故障的自诊断

第一步：布置任务

一、项目要求：

①项目名称：自动变速器电控系统故障的自诊断。

②计划课时：8。

③器材及工具准备：

A. 电控自动变速器实验台；

B. 电脑主机 1 台；

C. 投影机以及相应导线插座。

二、教学主要内容及目的

①熟悉自动变速器的故障诊断系统的工作原理。

②掌握自动变速器的失效保护系统的工作原理。

③了解故障诊断的程序。

④能够对电控自动变速器实验台进行故障码的读取和清除。

三、相关知识准备

1. 故障诊断

随着电子控制系统的大规模化和复杂化，系统出现故障时的影响也随之增大。为检测出系统部件的故障部位，在 ECU 内设有专门的故障自诊断电路，它在汽车行驶过程中不停地监测自动变速器电子控制装置中所有传感器和部分执行器的工作。一旦发现故障，ECU 将故障信息以故障码的形式储存在 ECU 的存储器内，只要不拆除汽车蓄电池，被测到的故障码就不会消失。大部分汽车是以超速挡指示灯作为故障警告灯的，若超速挡指示灯亮起后，按动超速挡开关也不能将它熄灭，即说明电子控制装置有故障。

故障诊断分随车诊断和车外诊断。随车诊断及时，车外诊断功能齐全，两者各有优点，不能相互代替，而是相互补充并有机结合。

2. 失效保护

发生故障是难免的，但如果一旦有故障，必须马上停车，否则很危险。为此，在诊断系统中有失效保护（容错）功能，即个别部件失效时，其系统功能可用其他部件完全或部分代替，使系统能继续保持规定性能或不丧失基本功能，保证汽车返回维修点维修。

故障诊断模块及时发现控制系统的故障，并分离发生故障的部位，判断故障的种类，估计故障的大小和时间，进行评价与决策。故障容错与处理模块根据检测和诊断信息，可得知被控对象的结构和参数的变化，采取具体的调整措施，如替代信号或替代冗余、降级控制、转入机械操纵、双 ECU 系统、故障显示等。它充分利用系统中各硬件、软件资源及其相互关系，增强了出现故障时的后处理能力，提高了汽车的可靠性和安全性。

3. 故障诊断程序

ECU 按每个传感器测得的有关信号，根据预先设定的控制程序，通过各个执行机构发出相应的控制信号来控制自动变速器的工作。汽车起步和行驶时，自动变速控制系统的故障诊断装置可进行自检。接口监控程序用于发现系统输入、输出部件及其与系统连线的故障，包括将输入的模拟信号或脉宽调制信号与给定的极限值相比较，以检查输入信号的可信度；将输出信号和离合器及换挡电磁阀等执行元件上的信号反馈至控制器，以检验信号电流或电压值是否正常。如果有通信故障，则切断数据总线，启用紧急模式。针对诊断后发现的故障，控制系统合理安排故障处理的优先级，并作两步反应。

第一步对失效信号或功能提供代替信号或替代功能（容错功能），分以下几种情况。

1）传感器失效

节气门位置传感器出现故障：踩下加速踏板且怠速开关断开时，按节气门开度为 1/2 控制，同时节气门电压为最大值；当加速踏板完全放松而怠速开关接通时，按节气门全闭状态控制，同时节气门电压为最小值。

车速传感器出现故障时，自动变速器的挡位由操纵手柄位置决定：对 4 挡变速器，在 D 和 S 或 2（低挡 2）位固定为超速挡或 3 挡；在 L（低挡 1）位，固定在 2 挡或 1 挡；或不论手柄在任何前进挡位，均固定于 1 挡，以保持最基本行驶能力。

现代完备的控制系统有发动机转速传感器、输入轴转速传感器及车速传感器，行驶时 ECU 充分利用其相互关系，检查各自的可信度。如当车速传感器损坏时，仍可用输入轴转速传感器来控制换挡，提高了出现故障时的后备能力；输入轴转速传感器出现故障时，ECU 停止发动机减小转矩控制，换挡冲击有所增大；油液温度传感器出现故障时，按 80～100℃作为代替信号控制。

2）执行机构失效

换挡电磁阀出现故障时有两种处理方法：一种是不论有几个阀出故障，ECU 均停止所有换挡电磁阀工作，此时挡位完全由操纵手柄决定；另一种是仅有一个失效，其他阀仍工作，以保证仍能自动换挡，但会失去某些挡位，且换挡规律也有所修正。

强制离合器或强制制动器的电磁阀出现故障时，ECU 停止其工作，使它始终处于接合状态，以保证汽车减速时总有发动机制动；变矩器闭锁电磁阀出现故障时，ECU 停止闭锁离合器控制，使其始终处于分离状态，以液力变矩器状态行驶。

油压电磁阀出现故障时，ECU 停止闭锁离合器控制，使油路压力保持最大值。

第二步为紧急模式，只有当系统无法提供代替信号或代替功能时才可启用。同时驾驶室仪表板上显示相应故障，并将检测到的故障内容以故障码形式储存于系统存储器内。只要不切断电源，故障码就一直保存于 ECU 中，以供维修人员阅读，为查找故障提供了可靠的依据。

四 、操作步骤

本项目采用 ATC－J2 型自动变速器实训台。该实训台采用丰田 A340E 电控四速后驱辛普森轮系自动变速器，输入端采用电机拖动，输出端采用盘式制动。配有自动变速器控制 ECU、换挡装置。箱体透明，使得行星齿轮系的工作与阀体、液压元件工作清晰可见。显示面板上设有制动、P/N 及挡位、电磁阀工作、O/D 灯、节气门开度、车速等显示，同时还有模式选择、诊断座、水温模拟等操控装置。操纵实验台设有电源开关、输入转速、点火开关、油压显示、制动手柄、节气门手柄、换挡装置、O/D 开并(如图 8.1)等。

在显示面板的下方设有故障设置开关(如图 8.2)，从显示面板背后正视自右向左顺序如下表。

图 8.1 O/D 开关的位置

图 8.2 故障设置开关位置

表 8.1 故障设置开关位置表

序号	故障名称	序号	故障名称
1	怠速触点	5	S1
2	节气门位置传感器	6	S2
3	水温传感器	7	SL
4	车速传感器		

若自动变速出现故障或人为设置故障后，关闭点火开关再打开后运转时 O/D 灯会闪出故障码，故障排除后可通过断开总电源或拔下保险 10 s 以上来消除故障码。

故障码的提取：可以用跨接线短接 TE1 和 E1 端子，通过 O/D 灯的闪烁来读取故障码。(如 62：先十位数闪 6 次，后个位数闪 2 次，其余类推)

表 8.2 故障代码表

故障灯闪烁次数	故障名称	故障灯闪烁次数	故障名称
62	1 号电磁阀故障	63	2 号电磁阀故障
64	3 号电磁阀故障		

操作步骤如下。

①点火开关 ON,O/D 开关 ON,O/D OFF 指示灯应熄灭;O/D 开关 OFF,O/D OFF 指示灯应点亮;否则,应检查指示灯电路。按下序号 5 设置 S1 电磁阀故障。

②把自动变速器打到 D 挡位,观察能否正常工作,是否可以在 1～4 挡自由转换。

③观察 O/D 灯,每隔 0.25 s 闪烁一次。

④用跨接线短接 TE1 和 E1 端子,可以在诊断接口或者面板上进行跨接,如图 8.3 和 8.4 所示,通过 O/D 灯的闪烁来读取故障码。故障码的读取方法同电控悬架系统故障码的读取方法如图 8.5 所示。

图 8.3　诊断接口位置

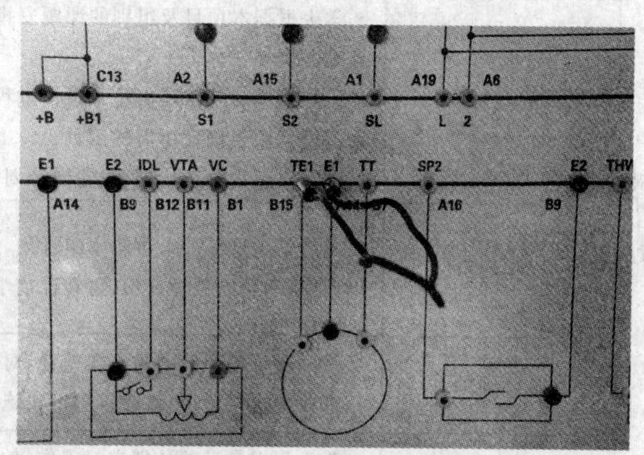

图 8.4　跨接 TE1 和 E1 端子

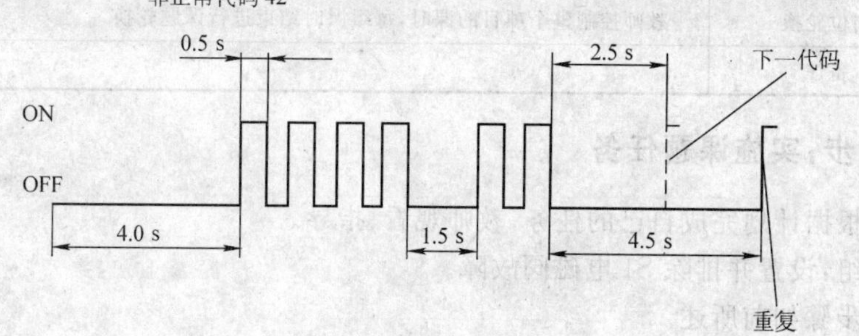

图 8.5　故障码的读取方法

⑤根据读取的故障代码,查表 8.2,并且排除故障。

⑥故障排除后,断开总电源或拔下保险 10 s 以上来消除故障码。

⑦重新读取故障码,看故障是否排除。

第二步:制订计划

教师辅助学生以小组方式,根据课时、人数及教学任务,由学生自己进行信息收集(通过专业书籍、说明书或网络等各种途径查找相关知识资料,复习或学习本项目的相关知识),讨论制订出本项目中课题的工作计划。例如:

<table>
<tr><td rowspan="2">受众分析</td><td>年级</td><td>三年级一学期</td><td>专业</td><td>汽车制造与装配</td><td>人数</td><td>30人/班</td></tr>
<tr><td>学生知识结构</td><td colspan="5">①有一定的逻辑思维能力；
②具有自学能力；
③掌握了自动变速器电控系统故障的理论知识；
④掌握了自动变速器电控系统故障诊断的操作方法</td></tr>
<tr><td rowspan="11">制订计划</td><td rowspan="4">教师布置课题分组</td><td>组别</td><td colspan="2">课　题</td><td>课时</td><td>人数</td><td>组长</td></tr>
<tr><td>1</td><td colspan="2">设置并排除 S1 电磁阀故障</td><td>4</td><td>10</td><td></td></tr>
<tr><td>2</td><td colspan="2">设置并排除 S2 电磁阀故障</td><td>2</td><td>10</td><td></td></tr>
<tr><td>3</td><td colspan="2">设置并排除 S3 电磁阀故障</td><td>2</td><td>10</td><td></td></tr>
<tr><td>学生计划</td><td colspan="6">学生根据本项目及组别的课题安排及实训设备情况进行信息收集，制订工作计划。例如：
①根据项目要求写出整个操作过程的步骤；(可在实训课前完成)
②根据项目确定所需的工具；
③写出组内分工计划，或轮岗计划</td></tr>
<tr><td>学生展示</td><td colspan="6">每组学生选派一人讲解本组计划，其他组提出不同见解。每组可重新修订计划，定稿后交给教师评价(可在课前学生自行完成，也可由教师组织完成。)</td></tr>
<tr><td>教师辅助</td><td colspan="6">教师评价各个计划的可实施性，对于不可实施的，教师提给出意见，由学生进行修改。再评价、再修改直到可实施</td></tr>
<tr><td>实操指导</td><td colspan="6">学生根据自己的计划进行工作，教师观察其操作情况并做指导，以及时纠正错误。根据各组的不同情况有针对性地做进一步讲解</td></tr>
<tr><td>岗位轮换</td><td colspan="6">教师控制整个项目的课时，每组课时结束进行课题轮换</td></tr>
<tr><td>备注</td><td colspan="6"></td></tr>
</table>

第三步：实施课题任务

学生根据计划完成自己的任务，教师观看、指导。

第一组：设置并排除 S1 电磁阀故障。

操作步骤如前所述。

第二组：设置并排除 S2 电磁阀故障。步骤同上。

第三组：设置并排除 S3 电磁阀故障。步骤同上。

第四步：检查实训过程

①教师根据实训内容进行演示教学或操作步骤讲解。学生进行实践操作时，教师巡视检查学生操作情况，及时指出学生的错误操作或注意事项。

②学生在操作时，同组成员观察操作情况并互相提醒，操作的学生可随时查看工作计划或工作页，做到自我检查，保证操作的规范性和准确性。

③学生计划完成后，首先要进行自检，小组成员对本次任务进行评价；然后教师

检查学生的完成效果。

第五步:评价总结

一、自我评价

学生自我评价,同时与组内同学讨论,交流心得。

二、课题考核

1. 考核要求

①按正确的操作步骤进行检测。

②操作时应能进行相应的讲解,报出所进行的项目和测量的结果。

2. 考核时间

120 min。

1)实训考核(60 min)

序号	考核内容	配分	评分标准	考核记录	扣分	得分
1	打开系统相关电源,让仪表显示	15	酌情扣分			
2	调整发电机转速,观察挡位转换	15	酌情扣分			
3	设置故障读取故障码,观察挡位变化	30	酌情扣分			
4	根据故障灯的闪烁读取故障码	20	酌情扣分			
5	故障码的排除	20	酌情扣分			
6	合计	100				

2)理论考试(60 min)

序号	考核内容	配分	评分标准	考试记录	扣分	得分
1	自动变速器故障诊断系统的工作原理	40	酌情扣分			
2	自动变速器失效保护系统的工作原理	40	酌情扣分			
3	故障诊断的程序	20	酌情扣分			
4	分数合计	100				

项目九　自动变速器零件的检修

第一步:布置任务

一、项目要求

①项目名称:自动变速器零件的检修。

②计划课时:12。

③器材及工具准备:

A. 丰田系列轿车 1 辆;

B. 电脑主机 1 台,投影机以及相应导线插座;

C. 辛普森自动变速器 3 台。

二、教学主要内容及目的

①熟悉各执行元件的结构工作原理。

②掌握油泵结构以及工作原理。

③能够对相关零件进行检修。

三、相关知识准备

1. 内啮合齿轮式油泵

内啮合式齿轮泵由泵盖、泵体、小齿轮和内齿轮等组成(如图 9.1 所示)。泵盖上的花键用于固定液力变矩器单向离合器的内座圈,小齿轮上有两个凸起,液力变矩器泵轮的两个凹槽插到小动齿轮的两个凸起上带动小齿轮转动,小齿轮带动内齿轮转动,泵体上有一个月牙形隔板,将油腔分成进、出油腔。液力变矩器的泵轮带动小齿轮转动,小动齿轮带动内齿轮转,齿轮脱离啮合,容积变大产生吸力,将油吸入,当齿轮进入啮合,容积变小将油泵出。

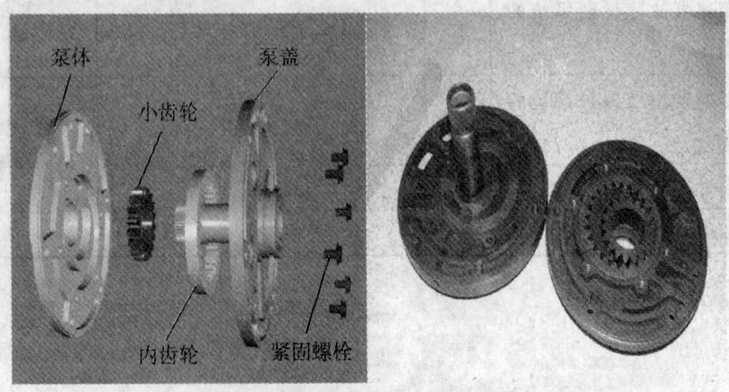

图 9.1　内啮合式齿轮泵

2. 单向离合器

单向离合器(如图 9.2 所示)广泛应用于行星齿轮变速器及综合式液力变矩器中,其作用与离合器、制动器相同,也是用于固定或连接几个行星排中的某些太阳轮、行星架、齿圈等基本元件,让行星齿轮变速器组成不同传动比的挡位。因此,它也是行星齿轮变速器的换挡元件之一,不同之处在于,它是依靠单向锁止原理来发挥固定或连接作用的,其连接和固定也只能是单方向的。当与之相连接的元件受力方向与锁止方向相同时,该元件即被固定或连接;当受力方向与锁止方向相反时,该元件即被释放或脱离连接。

单向离合器无须控制机构,其工作完全由与之相连接的元件的受力方向来控制。它能随着行星齿轮变速器挡位的变换,在与之相连接的基本元件受力方向发生变化的瞬时即产生接合或脱离,可保证平顺无冲击换挡,同时还能大大简化液压控制系统。

3. 离合器

离合器的主要作用是将行星齿轮变速器的输入轴和行星排的某个基本元件连接,使该元件成为主动元件;并且将行星排的某两个基本元件连接在一起,使之成为一个整体,实现同速直接传动。

在自动变速器的换挡执行元件中,采用的离合器是多片湿式离合器。这是由于其表面积较大,所传递的扭矩也较大,并且离合器片表面单位面积压力分布均匀,摩擦材料磨损均匀,还能通过增减片数和改变施加压力的大小,即可按要求容量调节工作转矩,便于系列化和通用化。

多片湿式离合器通常由离合器鼓、离合器活塞、回位弹簧、弹簧座、钢片、摩擦片、调整垫片、离合器毂及几个密封圈组成,如图 9.3 所示。离合器鼓与离合器毂分别以一定的方式与变速器输入轴或行星排的某个基本元件连接,一般离合器鼓为主动件,离合器毂为从动件。离合器活塞安装在离合器鼓内,它是一种环状活塞,由活塞内外圈的密封圈保证密封,从而与离合器鼓一起形成一个密封的环状液压缸,并通过离合器鼓内圆轴颈上的进油孔与控制油道相通。

图 9.2　单向离合器

图 9.3　多片湿式离合器

钢片和摩擦片交错排列，两者统称为离合器片。钢片的外花键齿安装在离合器鼓的内花键齿圈上，可沿齿圈键槽作轴向移动；摩擦片由其内花键齿与离合器毂的外花键齿连接，也可沿键槽作轴向移动。摩擦片两面均为摩擦系数较大的铜基粉末冶金层或合成纤维层，受压力和温度变化影响很小。在摩擦衬面表面上都带有油槽，其作用：一是破坏油膜，提高滑动摩擦时的摩擦系数；二是保证液流通过，以冷却摩擦表面。

4. 制动器

制动器用来制动行星齿轮系统三元件中的任一元件，改变齿轮的组合。在液力自动变速器中常用湿式多片制动器和带式制动器两种（如图 9.4 所示）。由于带式制动器占有空间尺寸小，容易布置，过去采用较多；但片式制动器的接合平稳性比带式易于控制，基于性能上的要求，并且增减片数，可以适应于不同排量的发动机，近年来应用日趋广泛。

1)湿式多片式制动器

湿式多片式制动器基本功能和结构与片式离合器相似，其区别在于离合器的壳体是一个主动部件，而制动器的壳体和油缸是固定不动的。当多片制动器的钢片和摩擦片处于接合状态时，即对与摩擦片连接的构件起制动约束的作用。

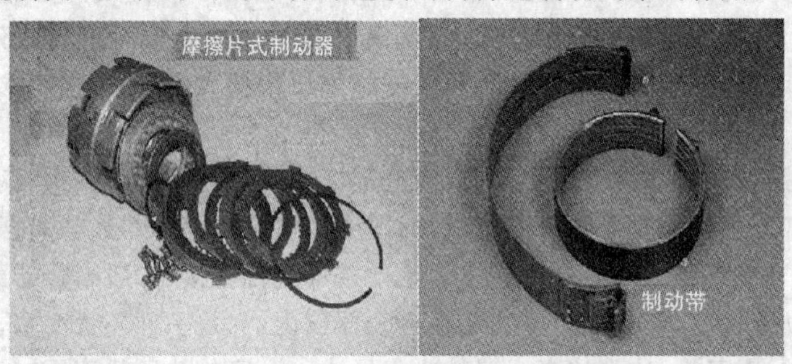

图 9.4　制动器

湿式多片式制动器由制动器鼓、制动器活塞、回位弹簧、制动器摩擦片、制动器钢片、制动器毂等组成。在制动器中，制动器摩擦片通过内花键齿与制动器毂的外花键齿相连，是主动元件；而制动器钢片则通过花键齿安装在固定于变速器壳体上的制动鼓内花键齿上，或直接安装在变速器壳体上的内花键齿圈中，是固定不动的元件。制动器主动片的摩擦材料与离合器摩擦片的一样。

湿式多片制动器的工作原理与片式离合器基本相同，当液压油进入活塞缸时，活塞在缸体内移动，促使制动器的摩擦片与钢片接触，在两片之间产生高摩擦力，与行星排的某一基本元件连接的制动器毂就被固定，即不能旋转；当液压油从活塞缸内排出时，回位弹簧将活塞复位至原始位置，导致制动器脱开，制动器毂可以自由旋转。

片式制动器在使用中，不但规定了摩擦片的允许间隙和最大间隙，而且有的还规定了摩擦片的最小厚度。当某一片摩擦片厚度已经小于规定值时必须更换；当摩擦片单片厚度尚未小于允许值，而总间隙超过允许值，应通过选装压板的厚度来调整，使间隙满足规定要求。即使同一公司生产、结构形式基本相同的液力自动变速器，由于使用条件不同，其间隙也会有明显差别。

2)带式制动器

带式制动器是将内侧粘有摩擦材料的制动带卷绕在制动鼓上，又称制动带。其摩擦材料与湿式多片式离合器的摩擦片相同。

带式制动器由制动鼓、制动带、液压缸及活塞组成。制动带缠绕在制动鼓的圆周上，制动鼓与行星齿轮机构一起旋转。制动带的一端用销钉固定在变速器壳体上，而另一端与制动缸活塞接触。活塞通过内、外弹簧安装在连杆上，一般备有两种长度的连杆，以便能够调整制动带和鼓之间的间隙。

四、操作步骤

1. 液力变矩器的检修

自动变速器的液力变矩器的外壳采用焊接式的整体结构，不可分解。由于其内部除了导轮的单向超越离合器和锁止离合器压盘之外，没有互相接触的零件，因此在使用中基本上不会出现故障。液力变矩器的维修工作主要是检查和清洗。

1)液力变矩器的检查

①检查液力变矩器外部有无损坏和裂纹，轴套外径有无磨损，驱动油泵的轴套缺口有无损伤。如有异常，应更换液力变矩器。

②将液力变矩器安装在发动机飞轮上，用千分表检查变矩器轴的偏摆量，如图9.5所示。如果在飞轮旋转一周的过程中，径向摆动量大于0.03 mm，应转换一个角度重新安装予以校正，并在校正后的位置上作一记号，以保证安装正确。若无法校正，需更换液力变矩器。

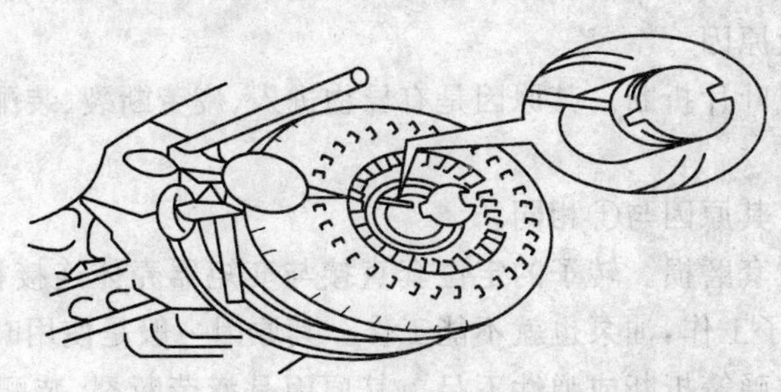

图9.5　用千分表检查变矩器轴的偏摆量

③将单向离合器内座圈驱动杆(专用工具)插入变矩器中，如图9.6(a)所示；然后将单向离合器外座圈固定器(专用工具)插入变矩器中，并卡在轴套上的油泵驱动缺口内，如图9.6(b)所示；最后转动驱动杆，检查单向离合器工作是否正常。在逆时针方向单向离合器应锁止，在顺时针方向应能自动转动，如图9.6(c)所示。如有异常，说明单向离合器损坏，应更换液力变矩器。

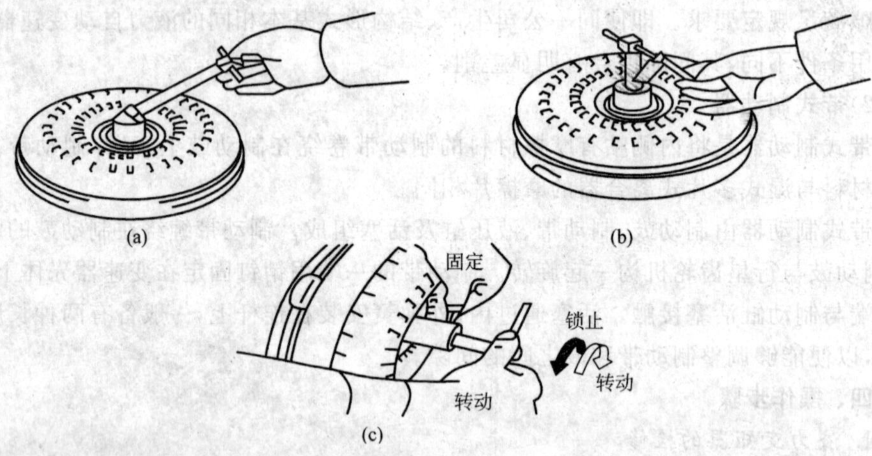

图 9.6　导轮单向离合器的检查

2)液力变矩器的清洗

①倒出变矩器中残留的自动变速器液。

②向变矩器内加入 2 L 干净的自动变速器液,摇动变矩器,以清洗其内部,然后将自动变速器液倒出。

③再次向变矩器内加入 2 L 干净的自动变速器液,清洗后倒出。

2. 油泵的检修

油泵一旦发生故障会对整个自动变速器液压系统产生影响,而不仅是影响某一挡位的工作。油泵故障对每一挡的影响是不同的,一般对低挡影响大,而对高挡影响小。总的来说,油泵故障引起前进挡和倒挡车辆均不能移动,前进挡和倒挡起步无力,自动变速器打滑等;叶片泵故障引起自动变速器换挡冲击、异响等。

1)损坏形式及原因

①油泵齿轮或叶片折断。其原因是有异物进入、疲劳断裂、装配时受伤或材料质量差。

②泵壳断裂。其原因与①相同。

③转子的定位套磨损。转子的定位套直接与变矩器壳体连接在一起,如出现滑移,就不能带动转子工作,油泵也就不能工作。其原因一般是使用时间长而磨损。

④叶片泵回位弹簧折断或弹性不足。其原因是疲劳断裂、装配时受伤或材料太差。

⑤油泵传动轴损坏。其损坏原因与④相同。

⑥叶片泵叶片发卡。其原因是叶片与转子配合间隙过小、油质过脏等。

⑦油泵磨损。观察磨损表面是否平整,若不平,可能是油中有杂质造成的;若磨损表面平整,则是自然磨损。

⑧油泵泄露。其原因是密封垫或密封圈破损。

2)检查方法

内啮合齿轮泵的检查项目主要有:油泵内齿轮与壳体间隙、齿顶与月牙板间隙、齿轮端隙、壳体衬套内径、转子轴套前端直径、转子轴套后端直径。

①测量内齿轮与壳体间隙,如图 9.7(a)所示。

②测量齿轮端隙,如图 9.7(b)所示。

③测量齿顶与月牙板间隙,如图 9.7(c)所示。

④测量壳体衬套内径,如图 9.7(d)所示。

⑤测量转子轴套前、后端直径,如图 9.7(e)所示。

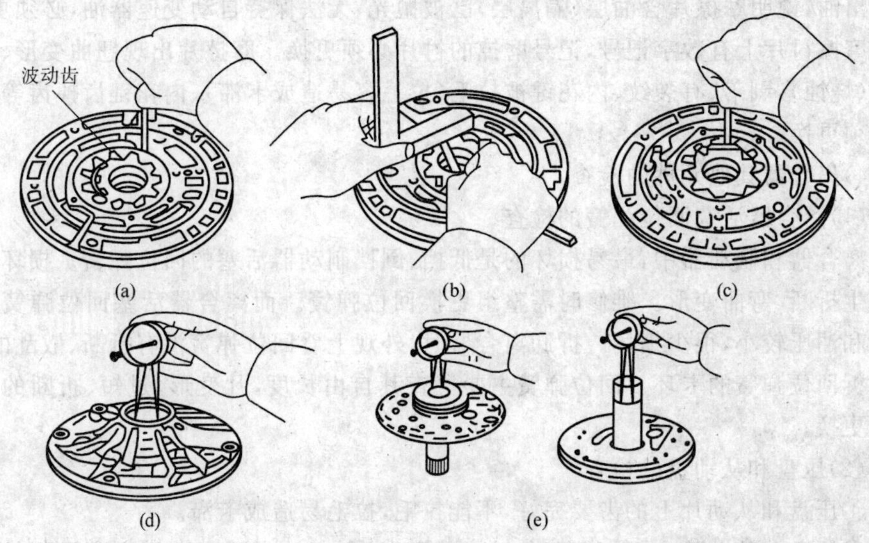

图 9.7　内啮合齿轮泵检查

3. 离合器的检修

1)摩擦片损坏形式及原因

①摩擦片烧焦,颜色发黑。原因是自动变速器油温过高、离合器打滑。引起单组离合器摩擦片烧焦的原因是活塞密封圈破坏、离合器自由间隙过小、离合器毂或离合器活塞液压缸壁上的单向阀损坏。

②摩擦片上的铜基粉末冶金层或合成纤维层不均匀脱落。原因是摩擦片没有经过自动变速器油浸泡即装配使用、摩擦片质量问题。

③摩擦片弯曲变形。原因是离合器摩擦片工作时局部温度过高及摩擦受到挤压或撞击的原因引起的。

④摩擦片和钢片烧结在一起。原因是温度过高或摩擦片过度磨损。

2)离合器活塞损伤形式及原因

①活塞密封圈破损。原因是油温过高,使橡胶密封圈硬化;密封圈更换时受损;使用时间过长,橡胶老化。

②活塞变形，密封不严。原因是温度过高或装配不当。

③活塞回位弹簧不良。原因是弹簧数目少、弹簧弹力不足、弹簧折断。

④活塞上的单向阀卡滞或密封不良。原因是油中有杂质或阀球磨损。

3)离合器摩擦片的检修

摩擦片上的沟槽是存自动变速器油用的，沟槽磨平后，自动变速器油就无法进入摩擦片与钢片之间。失去自动变速器油的保护之后，磨损速度会急剧加快。沟槽磨平后必须更换。摩擦表面上有一层保持自动变速器油的含油层。新拆下来的摩擦片用无毛布将表面擦干，用手轻按摩擦表面时应有较多的自动变速器油汪出。轻按时如不出油，说明摩擦片含油层(隔离层)已被抛光，无法保持自动变速器油，必须更换。

摩擦衬片上有数字记号，记号磨掉的衬片必须更换。摩擦片出现翘曲变形、表面发黑(烧蚀)、剥落、有裂纹、内花键被拉毛(拉毛容易造成卡滞)、内花键齿掉齿等现象都必须更换。

4)离合器其他元件的检查

(1)离合器活塞回位弹簧的检查

离合器和制动器中，最易损坏的是低挡、倒挡制动器活塞的回位弹簧。损坏后弹簧发生折断、弯曲变形。维修时需整组更换回位弹簧。而离合器活塞回位弹簧工作行程和油压较小，很少损坏。拆卸离合器时，外观上看回位弹簧没有折断、散乱的，就不必拆回位弹簧的卡环。回位弹簧主要检查其自由长度，凡变形、过短、折断的弹簧必须更换。

(2)压盘和从动盘的检查

①压盘和从动片上的齿要完好，不能拉毛，拉毛易造成卡滞。

②压盘和从动片表面如有蓝色过热的斑迹，则应放在平台上用高度尺测量其高度，并将两片叠在一起，检查其是否变形。出现变形或表面有裂纹的必须更换。

总之，离合器总成分解后要对每个零件进行清洗和检查，如离合器鼓、花键毂、离合器片、压盘等是否磨损严重、变形，回位弹簧是否断裂、弹性不足，单向球阀是否密封良好等，必要时更换零部件和总成。

离合器重新装配后要检查离合器的间隙，如图 9.8 所示。间隙过大会使换挡滞后、离合器打滑；间隙过小会使得离合器分离不彻底。

5)单向离合器的检测

单向离合器若出现在锁止方向上可以转动，即引起自动变速器打滑、无前进挡、无超速挡、异响等故障。单向离合器若装反可引起自动变速器工作异常，有时引起一些预想不到的故障。如果装错了方向，从理论上讲变速器进入不能驱动状态，但由于发动机传来的转矩大于装错方向的单向离合器的锁止力矩，于是单向离合器上的滚柱在高速旋转的巨大惯性作用下，像小炮弹似地飞出，将造成严重的破坏。

(1)常见损坏形式及原因

①单向无锁止。其原因是滚柱或楔块磨损或弹簧失效。

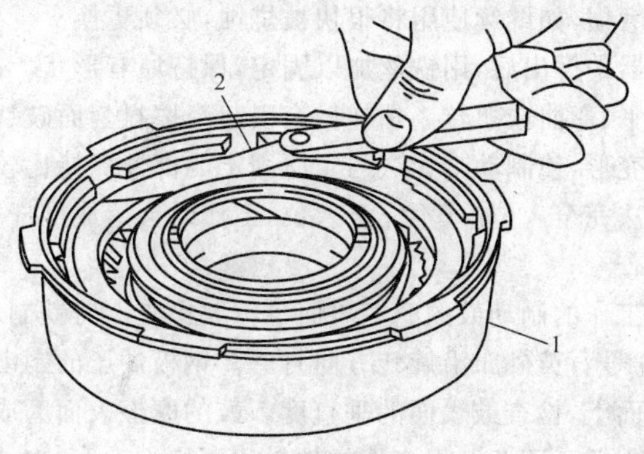

图 9.8　检查离合器间隙

1—塞尺　2—离合器

②卡滞。其原因是滚柱或楔块变形，内外环保持架破裂、变形等。

③内外环保持架变形、拉伤。其原因是高温、油中有杂质等。

(2)检查方法

①检查单向离合器的锁止方向。完好的离合器应在一个方向有效锁止，在反方向可自由转动。若在锁止方向打滑或在自动转动方向发卡，应更换单向离合器。

②目测检查有无高温变质、受伤变形、拉伤等情况。

③单向离合器沿运动方向旋转时，其转矩必须小于 2.5 N·m，如大于该值就应更换。金属材料的滚柱式单向离合器不仅装配时严禁击打，装前也应认真检查其上、下平面，如发现有凹坑，必须更换。

④单向离合器中的滚柱滚过凹点时，会因发生卡滞而发出明显的“嗡嗡”声。维修时以根据“嗡嗡”声出现的时机，来判断具体是哪个单向离合器发生了故障。

4. 制动器的检查

1)制动器常见损坏形式及原因

片式制动器和离合器由于结构大致相同，所以损坏形式及原因也基本相同。

①制动器损坏形式有制动带磨损材料烧焦、制动带耐磨材料脱落、制动带变形。

②制动带推杆损坏形式有推杆磨损、弯曲变形、推杆调整不当。其原因是外力作用或调整过度。

2)制动带的调整

(1)外观检查

外观上如有缺陷，碎屑，摩擦表面出现不均匀磨损，摩擦材料剥落，摩擦材料上印刷数字部分磨损的，或者有掉色、烧蚀痕迹(外观颜色发黑)的，只要有上述问题中的任何一项，就必须更换制动带。

(2)液体吸附能力检查

用无毛布把制动带表面的油渍擦掉后，用手轻按制动带摩擦表面，应能汪出油，汪出的油越多，说明摩擦表面含油性越好。如轻压后没有油汪出，说明制动带摩擦表面上的含油层已被磨损，如继续使用将很快被烧蚀，必须更换。

制动带从变速器中拆出后，用铁丝加以固定，保持原有形状。在检查和维修过程中严禁将制动带展平、弯曲或扭转。那样做会引起摩擦衬套面破裂或表面剥落，严重时还会造成制动带变形，使制动带无法与它所固定的部件保持比较均匀的工作间隙，使制动带的推杆无法完全入位。（不完全入位，工作时会造成推杆脱落，制动带失效）

3）制动鼓的检查

与制动带配合工作的制动鼓的摩擦表面也需要检查。铸铁制动鼓的摩擦表面上如有刻痕，可用 180 号石英砂布沿旋转方向打磨。钢板冲压的制动鼓，检查时把钢板尺立在鼓的摩擦表面上，检查鼓表面的垂直度。鼓的摩擦表面磨成盘形时，会使制动带的制动效能严重削弱。因此磨损变形的鼓必须更换。

制动器装配后要调整工作间隙，原因与离合器间隙的调整是一样的。方法是：将调整螺钉上的锁紧螺母拧松并退回大约五圈，然后用扭力扳手按规定转矩将调整螺钉拧紧，再按维修手册的要求将调整螺钉退回一定圈数，最后用锁紧螺母紧固。

5. 行星齿轮的检修

在自动变速器所有零件中，行星齿轮机构的寿命是最长的，它们不承受任何换挡冲击，在正常使用的条件下它的工作寿命不低于 40 万 km。其中太阳轮和齿圈几乎没有损坏的可能，行星齿轮自身损坏的可能也很小，唯一可能出现问题的是行星轮架。

第二步：制订计划

教师辅助学生以小组方式，根据课时、人数及教学任务，由学生自己进行信息收集（通过专业书籍、说明书或网络等各种途径查找相关知识资料，复习或学习本项目的相关知识），讨论制订出本项目中课题的工作计划。例如：

<table>
<tr><td rowspan="2">受众分析</td><td>年级</td><td>三年级一学期</td><td>专业</td><td>汽车制造与装配</td><td>人数</td><td>30 人/班</td></tr>
<tr><td>学生知识结构</td><td colspan="5">①有一定的逻辑思维能力；
②具有自学能力；
③掌握了自动变速器检修的操作规程及注意事项；
④掌握了辛普森自动变速器结构的相关理论知识；
⑤会使用常规的操作工具</td></tr>
<tr><td rowspan="5">制订计划</td><td rowspan="4">教师布置课题分组</td><td>组别</td><td>课　题</td><td>课时</td><td>人数</td><td>组长</td></tr>
<tr><td>1</td><td>液力变矩器及油泵的检修</td><td>4</td><td>10</td><td></td></tr>
<tr><td>2</td><td>离合器及单向离合器检修</td><td>4</td><td>10</td><td></td></tr>
<tr><td>3</td><td>制动器及齿轮机构的检修</td><td>4</td><td>10</td><td></td></tr>
<tr><td>学生计划</td><td colspan="5">学生根据本项目及组别的课题安排及实训设备情况进行信息收集，制订工作计划。例如：</td></tr>
</table>

续表

制订计划	学生计划	①根据项目要求写出整个操作过程的步骤;(可在实训课前完成) ②根据项目确定所需的工具; ③写出组内分工计划,或轮岗计划
	学生展示	每组学生选派一人讲解本组计划,其他组提出不同见解。每组可重新修订计划,定稿后交给教师评价(可在课前学生自行完成,也可由教师组织完成。)
	教师辅助	教师评价各个计划的可实施性,对于不可实施的,教师提出意见,由学生进行修改。再评价、再修改直到可实施
	实操指导	学生根据自己的计划进行工作,教师观察其操作情况并做指导,以及时纠正错误。根据各组的不同情况有针对性地做进一步讲解
	岗位轮换	教师控制整个项目的课时,每组课时结束进行课题轮换
	备注	

第三步:实施课题任务

学生根据计划完成自己的任务,教师观看、指导。

第一组:液力变矩器及油泵的检修。

操作步骤如下。

1. 液力变矩器的检查

①检查液力变矩器外部有无损坏和裂纹,轴套外径有无磨损,驱动油泵轴套缺口有无损伤。

②将液力变矩器安装在发动机飞轮上,用千分表检查变矩器轴的偏摆量。

③转动驱动杆,检查单向离合器工作是否正常。在逆时针方向上单向离合器应锁止,顺时针方向上应能自动转动。如有异常,说明单向离合器损坏,应更换液力变矩器。

2. 液力变矩器的清洗

①倒出变矩器中残留的自动变速器液。

②向变矩器内加入 2 L 干净的自动变速器液,摇动变矩器,以清洗其内部,然后将自动变速器液倒出。

③再次向变矩器内加入 2 L 干净的自动变速器液,清洗后倒出。

3. 油泵的检查方法

①测量内齿轮与壳体间隙。

②测量齿轮端隙。

③测量齿顶与月牙板间隙。

④测量壳体衬套内径。

⑤测量转子轴套前、后端直径。

第二组：离合器及单向离合器的检测。

操作步骤如下。

1. 离合器活塞回位弹簧的检查

2. 压盘和从动盘的检查

①压盘和从动片上的齿要完好，不能拉毛，拉毛易造成卡滞。

②压盘和从动片表面如有蓝色过热的斑迹，则应放在平台上用高度尺测量其高度，再将两片叠在一起，检查其是否变形。出现变形或表面有裂纹的必须更换。

3. 单向离合器的检测

①检查单向离合器的锁止方向。

②目测检查有无高温变质、受伤变形、拉伤等情况。

③单向离合器沿运动方向旋转时，其转矩必须小于 2.5 N·m，如大于该值就应更换。

④单向离合器中的滚柱滚过凹点时，会因发生卡滞而发出明显的“嗡嗡”声。

第三组：制动器及行星齿轮的检测

操作步骤如下。

1. 制动带的调整

①外观检查。

②液体吸附能力检查。

2. 制动鼓的检查

检查与制动带配合工作的制动鼓的摩擦表面。

制动器装配后要调整工作间隙。方法是：将调整螺钉上的锁紧螺母拧松并退回大约五圈，然后用扭力扳手按规定转矩将调整螺钉拧紧，再按维修手册的要求将其退回一定圈数，最后用锁紧螺母紧固。

3. 行星齿轮的检修

重点是检查行星轮架。

第四步：检查实训过程

①教师根据实训内容进行演示教学或操作步骤讲解。学生进行实践操作时，教师巡视检查学生操作情况，及时指出学生的错误操作或注意事项。

②学生在操作时，同组成员观察操作情况并互相提醒，操作的学生可随时查看工作计划或工作页，做到自我检查，保证操作的规范性和准确性。

③学生计划完成后，首先要进行自检，同组成员对本次任务进行评价；然后教师检查学生的完成效果。

第五步:评价总结

一、自我评价

学生自我评价,同时与组内同学讨论,交流心得。

二、课题考核

1. 考核要求

①按正确操作步骤进行检测。

②操作时应能进行相应的讲解,报出所进行项目和测量的结果。

2. 考核时间

120 min。

1)实训考核(60 min)

序号	考核内容	配分	评分标准	考核记录	扣分	得分
1	液力变矩器的检修	15	酌情扣分			
2	油泵的检修	15	酌情扣分			
3	离合器的检修	30	酌情扣分			
4	单向离合器的检修	20	酌情扣分			
5	制动器的检修	20	酌情扣分			
6	合计	100				

2)理论考试(60 min)

序号	考核内容	配分	评分标准	考核记录	扣分	得分
1	自动变速器油泵的工作原理	25	酌情扣分			
2	自动变速器离合器的工作原理	25	酌情扣分			
3	单向离合器的工作原理	25	酌情扣分			
4	制动器的工作原理	25	酌情扣分			
5	分数合计	100				

项目十　自动变速器油的检查

第一步:布置任务

一、项目要求:

①项目名称:自动变速器油的检查。

②计划课时:4。

③器材及工具准备:

A. 丰田车系轿车 2 辆,接油托盘 2 个;

B. 电脑主机 1 台;

C. 投影机以及相应导线插座。

二、教学主要内容及目的

①能够对自动变速器油液油面进行检查。

②能够对自动变速器油液油质进行检查。

三、相关知识准备

在自动变速器维护检修的实际工作中,对于自动变速器油液的检查是不可缺少的一步。油液液面高度和油液状况应该至少每 6 个月检查一次。从冬天到夏天的气温变化可能导致自动变速器油液(ATF)发生受热破坏,高质量的油液也可能由于温度的频繁变化而发生破坏。据不完全统计,约 70%的变速器故障是与油液的破坏和氧化有关。接到故障车后,判断自动变速器故障大小最直接有效的方法就是检查油液。

四 、操作步骤

本课程以丰田车系为例讲解。

自动变速器油液的检查分成两部分:油面和油质的检查。

1. 油面的检查

油液液面的高低对自动变速器的工作有很大的影响,油液液面过低时空气可能进入油泵内部循环并与油液发生混合,导致油液分解,出现气阻使得油压难以建立或油压过低,导致离合器和制动器打滑。油液液面过高同样会使油液分解,因为行星齿轮在过高的液面下转动,空气同样会被压入油液。被分解的油液可能产生泡沫、过热或氧化等现象。所有这些问题都会使得各种阀门、离合器、伺服机构等部件因压力不够而出现故障。

一般可以使用自动变速器上的油位刻度尺检查。常用的油尺见图 10.1。

油面检查按下述程序进行:

①在检查 ATF 的液面之前,将车辆停放在平直路面;

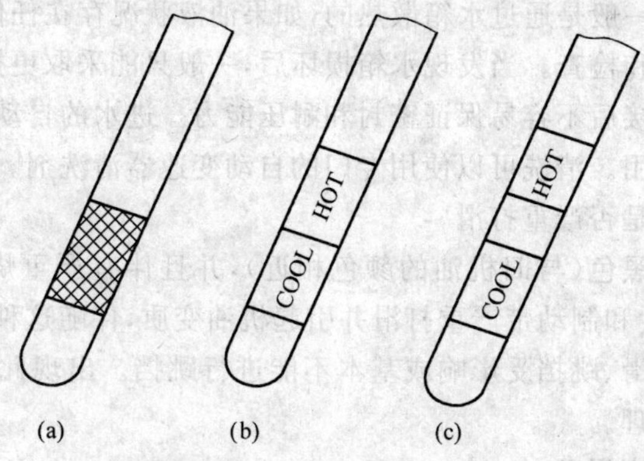

图 10.1　自动变速器油尺类型

(a)双刻度线式;(b)三刻度线式;(c)四刻度线式

②将车启动后热车,冷却水温达到 90℃以上,发动机保持运转状态;

③踩住制动踏板,将换挡手柄从 P 挡依次挂入每一个挡位后再回到 P 挡,使油液进入阀体和变速器壳体;

④取出油尺,把油尺护盘和尺身拭擦干净,检查油面高度。

大多数汽车都可以在变速器处于工作温度和发动机运转时精确测出 ATF 液面高度。拔出油尺后,用棉纱或纸巾把油尺拭擦干净。重新插入油尺,再拔出,注意读出数值。有些油尺上的标有"ADD"(添加)的字样,有些油尺上分别刻有针对"COOL"(冷态)、"WARM"(温态)和"HOT"(热态)的油液面高度适合标记。

在检查 ATF 液面时,变速器或变速驱动桥的温度是一个重要因素。在一些装有双金属片的变速器上,双金属片会在变速器到达预定温度之前阻止油液流入变速器冷却器,能够很快使变速器达到正常的状态。双金属片可能使油液液面的检查受到影响,因此应该注意对热车时油面高度的检查。

如果油液液面经常低于正常位置,可能是变速器出现了外部油液泄漏,此时应该检查变速器箱体、油底壳和冷却器管路上有无泄漏痕迹。使用真空式油压调节器的变速器,当该调节器泄漏时也会造成油液短缺,进入压力调节器的空气将使调节器的阀门在进行压力调节时发出噪声。

2. 油质的检查

油质是分析自动变速器内部问题的重要依据。正常情况下的 ATF 是红色或粉红色透明液体。

1)过热破坏检查

如果油液变成暗红色或褐色,或出现烧焦的气味,说明已经发生过热破坏。

2)检查 ATF 中是否进水

如果油液出现乳状或者芝麻酱的颜色,说明发动机冷却液通过散热器进入了变速器冷却器,此时打开水箱盖也可以看到水面漂浮一层褐红色液体(自动变速器油)。

因为自动变速器油一般是通过水箱散热的，如果油液状况存在任何问题，一定要取出一些样品进行比较和检查。当发现水箱损坏后，一般只能采取更换水箱的办法，因为许多铝合金水箱焊接后不容易保证密封和耐压能力。进水的自动变速器必须经过彻底清洗才能继续使用。清洗可以使用专门的自动变速器清洗剂。

3)检查摩擦片是否严重打滑

如果油液呈深黑色(与旧机油的颜色相近)，并且伴有严重烧焦糊味，说明离合器、制动器的摩擦片和制动带严重打滑并引起机油变质，伴随这种现象出现的故障是自动变速器严重打滑、跳挡受影响或基本不能进行跳挡。出现此种情况后自动变速器必须进行解体修理。

4)检查油面高度误差

检查发现油中有泡沫。此现象主要是由于油面过高或者过低引起的。当油面过高时，行星齿轮和其他旋转部件部分浸在工作液中，发生搅动油液的现象，导致油液产生气泡；如果液面过低，油泵将吸入空气，使油液与空气混合，产生气泡。若气泡进入液压控制系统后，液压控制系统的压力会下降，影响自动变速器正常工作，并引起打滑。而且气泡还会引起过热，油液将被氧化而变质，甚至形成积炭，影响阀体、离合器及制动器的工作。气泡还会引起油面上涨，导致油液从变速器通气孔和加油孔溢出，引起错误判断。

5)检查金属零件是否磨损

拆下油底壳，旋下放油堵，使油液流过磁铁，如在磁铁上发现大量金属碎末，则说明自动变速器内的金属件受到严重磨损的。常见的易磨损部件有轴承、离合器片、钢片、制动带、油泵、阀体柱塞等。

6)检查密封件是否老化

揭开油底壳若发现油中含有橡胶或摩擦片的碎物，便说明离合器等部件活塞的密封圈老化或者装配错误而破损。密封圈损坏导致油压下降，使摩擦片的磨损加快，出现碎物。

7)检查摩擦材料剥落情况

检查时发现油中有摩擦片或制动带的剥落物。此种现象比较少见，一般出现在经过修理的自动变速器里。造成此现象的主要原因是摩擦片质量太差或新摩擦片在油中浸泡时间过短。按要求，在进行自动变速器维修时，新离合器片和制动带要在自动变速器油液中浸泡 45 min 以上，否则很容易造成离合器摩擦片成块剥落。另外油质差也容易造成这种现象。

8)检查是否有纤维堵塞

检查时发现油中有纤维丝状物。产生此现象的原因是在装配自动变速器过程中，使用了易脱落丝毛的纤维物擦拭自动变速器内的零部件，造成丝状物脱落。此丝状物易堵塞油道和滤网，对自动变速器工作影响极大。因此，在进行自动变速器维修时严格禁止使用棉丝等易于脱落纤维的布擦拭零件。

第二步：制订计划

教师辅助学生以小组方式，根据课时、人数及教学任务，由学生自己进行信息收集（通过专业书籍、说明书或网络等各种途径查找相关知识资料，复习或学习本项目的相关知识），讨论制订出本项目中课题的工作计划。例如：

<table>
<tr><td rowspan="2">受众分析</td><td>年级</td><td>三年级一学期</td><td>专业</td><td>汽车制造与装配</td><td>人数</td><td>30人/班</td></tr>
<tr><td>学生知识结构</td><td colspan="5">①有一定的逻辑思维能力；
②具有自学能力；
③掌握了自动变速器油的操作规程及注意事项；
④会对检查结果进行分析</td></tr>
<tr><td rowspan="9">制订计划</td><td rowspan="3">教师布置课题分组</td><td>组别</td><td>课　题</td><td>课时</td><td>人数</td><td>组长</td></tr>
<tr><td>1</td><td>油面的检查</td><td>2</td><td>15</td><td></td></tr>
<tr><td>2</td><td>油质的检查</td><td>2</td><td>15</td><td></td></tr>
<tr><td>学生计划</td><td colspan="5">学生根据本项目及组别的课题安排及实训设备情况进行信息收集，制订工作计划。例如：
①根据项目要求写出整个操作过程的先后步骤；（可在实训课前完成）
②根据项目选用所需的工具；
③写出组内分工计划，或轮岗计划</td></tr>
<tr><td>学生展示</td><td colspan="5">每组学生选派一人讲解本组计划，其他组提出不同见解。每组重新修订计划，定稿后交给教师评价（此项可在课前学生自行完成，也可由教师组织完成。）</td></tr>
<tr><td>教师辅助</td><td colspan="5">教师评价各个计划的可实施性，对于不可实施的，教师提出意见，由学生进行修改。再评价、再修改直到可实施</td></tr>
<tr><td>实操指导</td><td colspan="5">学生根据自己的计划进行工作，教师观察其操作情况并做指导，以及时纠正错误。根据各组的不同情况有针对性地做进一步讲解</td></tr>
<tr><td>岗位轮换</td><td colspan="5">教师控制整个项目的课时，每组课时结束进行课题轮换</td></tr>
<tr><td>备注</td><td colspan="5"></td></tr>
</table>

第三步：实施课题任务

学生根据计划完成自己的任务，教师观看、指导。

第一组：油面的检查。

操作步骤如下：

①在检查 ATF 的液面之前，将车辆停放在平直路面；

②将车启动后热车，冷却水温达到 90℃以上，发动机保持运转状态；

③踩住制动踏板，将换挡手柄从P挡依次挂入每一个挡位后回到P挡，使油液进入阀体和变速器壳体；

④取出油尺，把油尺护盘和尺身拭擦干净，检查油面高度。

第二组：油质的检查。

操作步骤如下：

①检查是否过热破坏。

②检查ATF中是否进水。

③检查摩擦片是否严重打滑。

④检查油面高度误差。

⑤检查金属零件是否过度磨损。

⑥检查密封件是否老化。

⑦检查摩擦材料剥落情况。

⑧检查纤维堵塞情况。

第四步：检查实训过程

①教师根据实训内容进行演示教学或操作步骤讲解。学生进行实践操作时，教师巡视检查学生操作情况，及时指出学生的错误操作或注意事项。

②学生在操作时，同组成员观察操作情况并互相提醒，操作的学生可随时查看工作计划或工作页，做到自我检查，保证操作的规范性和准确性。

③学生计划完成后，首先进行自检，小组成员对本次任务进行评价；然后教师检查学生的完成效果。

第五步：评价总结

一、自我评价

学生自我评价，同时与组内同学讨论，交流心得。

二、课题考核

1. 考核要求

①按正确的操作步骤进行检测。

②操作时应能进行相应的讲解，报出所进行的项目和测量的结果。

2. 实训考核(60 min)

序号	考核内容	配分	评分标准	考核记录	扣分	得分
1	使用油尺检查的程序	30	酌情扣分			
2	检查是否过热破坏	10	酌情扣分			

续表

序号	考核内容	配分	评分标准	考核记录	扣分	得分
3	检查 ATF 中是否进水	15	酌情扣分			
4	检查摩擦片是否打滑	10	酌情扣分			
5	检查油面高度误差	10	酌情扣分			
6	检查金属零件磨损情况	10	酌情扣分			
7	检查材料剥落情况	15	酌情扣分			
8	合计	100				

项目十一　自动变速器的失速实验

第一步:布置任务

一、项目要求

①项目名称:自动变速器的失速实验。

②计划课时:6。

③器材及工具准备:

A. 带有自动变速器的丰田轿车1辆,三角木若干;

B. 电脑主机以及投影仪。

二、教学主要内容及目的

①熟悉失速转速的数据分析方法。

②能够独立进行失速转速操作。

三、相关知识准备

自动变速器在维修时具有一定的难度,在某种程度上要比维修电控发动机复杂。但维修之前可以通过实验发现故障的范围。自动变速器实验包括失速实验、时滞实验、道路实验、液压实验等。下面主要讲解失速实验。自动变速器维修时,失速实验是应用最广泛的实验。失速实验可以非常快捷地判断引起故障现象的是发动机还是自动变速器。它是判断发动机功率大小、液力变矩器性能好坏及自动变速器中有关换挡元件的工作是否正常的一种常用办法。

四、操作步骤

1. 失速实验操作

1)实验准备工作

失速实验时,变速器内部受到一个极大的转矩负荷,因此要事先做好以下几方面工作。

①检查确认发动机性能是否良好,如果发动机性能下降,会造成测试结果失真,或不能准确反映问题。

②变速器内的油面高度、油温以及油质都必须正常,否则将影响测试结果的准确性,还可能对自动变速器造成损害。

③汽车须有良好的安全条件,行车制动器与驻车制动器的性能良好,保证实验时能可靠制动。将车轮用三角木等塞住,以保证安全。

④汽车周围不应有影响安全的人或障碍物。

⑤如果车上无发动机转速表,须另外加装发动机转速表。

⑥实验操作者应该具备一定的反应能力。

2)实验方法及注意事项

①将汽车停放在宽阔的水平地面上，前后车轮用三角木块塞住(图 11.1)。

②用驻车制动器或行车制动器把车轮制动死。

③检查自动变速器的油温(应在 75～90℃)，冷车应在实验前使其升温；油面高度及油质应正常。

④启动发动机，将换挡操纵手柄换到前进挡(D 挡)。

⑤左脚踩下制动踏板的同时。右脚将加速踏板踩到底，在发动机转速不再升高时，迅速读取此时的发动机转速，此时的发动机转速即为失速转速，然后立即松开加速踏板。由于在实验时发动机功率全部在变矩器内损耗掉了，因此会产生大量的热，所以失速时间不要过长，一般都在 5 s 之内，即读完数据后立即放松加速踏板。

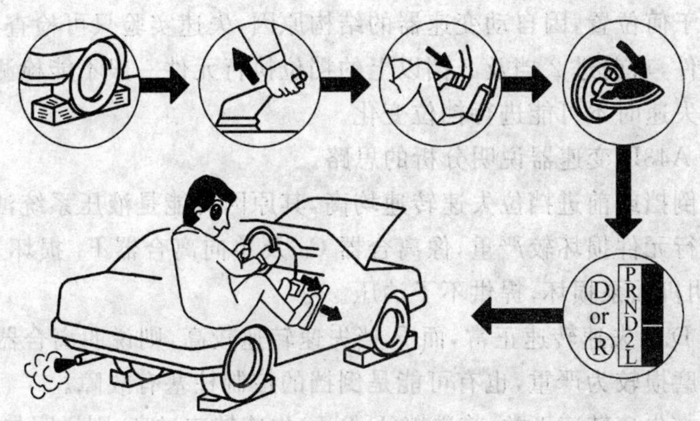

图 11.1　失速实验

⑥将换挡手柄拨入停车挡(P 挡)或空挡(N 挡)位置，让发动机至少怠速运转 1 min以上，以防止因油温过高而使油液变质。

⑦将换挡手柄移至 R 挡做同样的实验。

在车辆完全制动的情况下，自动变速器的输出轴、输入轴、液力变矩器的涡轮都静止不动，挂入行驶挡位并且完全踩下加速踏板，只有液力变矩器壳及泵轮随发动机同步转动。因为变速器内部承受的转矩很大，所以实验的连续时间一定不要过长，并及时冷却。另外，要注意监听发动机及自动变速器内声音的变化。在实验时，随着加速踏板的踏下，发动机和变矩器应有很大很沉闷的轰鸣声，但不愿听到任何金属撞击声和尖锐杂音。

2. 失速转速数值分析

失速转速的非正常情况有两种：高于规定值与低于规定值。失速转速表给出的失速转速值都是个范围，而并非某一确定的值。通常情况下，在失速转速超出一定范围后才判定为失常。

1)失速转速过低

由于变速器的零件在不运转(被强行固定)时,运转阻力没有变化,如果失速转速低于标准范围,只能是发动机工作不良与液力变矩器传递不良两方面的原因。为进一步区分发动机与变矩器的故障,可将选挡手柄置于 P 或 N 挡,让变矩器涡轮不带负荷,对发动机进行急加速,如果发动机转速能在急加速时很顺畅地上升,则说明发动机是正常的。如果汽车在行驶中也出现加速不良,而高速时却很正常,则可判为变矩器导轮单向离合器工作不良,造成功率损失。如果失速转速远低于规定值 600 r/min,说明液力变矩器可能严重失效。

2)失速转速过高

出现失速转速过高时,发动机与液力变矩器故障的可能性较小,故障一般发生在自动变速器,主要是因换挡执行元件打滑引起。因此,可以通过失速实验与变速器内对应挡位的执行元件图进行分析,从而判断是因哪些元件损坏所致。但无论失速实验时挂挡杆处于何位置,因自动变速器的结构原因,失速实验只可检查到前进 1 挡和倒挡的执行元件,对前进 2 挡及 2 挡以上的挡位执行元件一般不能检测,因为换挡正常的变速器在失速时不可能进行挡位变化。

现以丰田 A43D 变速器说明分析的思路。

①如果在倒挡或前进挡位失速转速均高,其原因可能是液压系统油路压力过低,或内部换挡执行元件损坏较严重,像离合器 C_0 及单向离合器 F_0 损坏。如果失速转速极高,则说明机油泵损坏,提供不了油压。

②如果在 D 挡失速转速正常,而 R 挡失速转速较高,则说明离合器 C_2 的活塞损坏或离合器片磨损较为严重,也有可能是倒挡的控制柱塞有故障。

③如果 R 挡失速转速正常,前进挡(D、2、L)失速转速过高,则说明与倒挡有关的离合器 C 基本没有问题,应该是前进挡离合器 C_1、液压活塞或控制柱塞有故障。

3. 丰田车型的失速数值表

影响失速转速的因素较多,不同发动机、不同的液力变矩器的失速转速不同,但大部分汽车自动变速器的失速转速都在 2 000～3 000 r/min范围内。丰田自动变速器的失速转速表如表 11.1 所示。

表 11.1 丰田自动变速器的失速转速

车　型	变速器类型	失速转速(r/min)	车　型	变速器类型	失速转速(r/min)
Corolla(花冠)2.2L	A245E	2 300～2 400	LeXUSLS400	A341E	2 050～2 350
Lexus(凌志)GS300	A340E	2 300～2 600	LexusSC300	A340E	2 050～2 350

续表

车　型	变速器类型	失速转速 (r/min)	车　型	变速器类型	失速转速 (r/min)
LexusSC400	A340E	2 050～2 350	LexusES300	A540E	2 450～2 750
Previa 大霸王	A340E	1 900～2 200	皇冠	A43DE	2 250～2 550
Camr 佳美 V6	A540E	2 250～2 550	佳美 2.2	A140E	2 100—2 400

第二步:制订计划

教师辅助学生以小组方式,根据课时、人数及教学任务,由学生自己进行信息收集(通过专业书籍、说明书或网络等各种途径查找相关知识资料,复习或学习本项目的相关知识),讨论制订出本项目中课题的工作计划。例如:

<table>
<tr><td rowspan="2">受众分析</td><td>年级</td><td>三年级一学期</td><td>专业</td><td>汽车制造与装配</td><td>人数</td><td>30 人/班</td></tr>
<tr><td>学生知识结构</td><td colspan="5">①有一定的逻辑思维能力;
②具有自学能力;
③熟悉失速转速的数据分析方法;
④能够独立进行失速转速操作</td></tr>
<tr><td rowspan="10">制订计划</td><td rowspan="4">教师布置项目课题分组</td><td>组别</td><td colspan="2">课　题</td><td>课时</td><td>人数</td><td>组长</td></tr>
<tr><td>1</td><td colspan="2">实验准备工作</td><td>2</td><td>10</td><td></td></tr>
<tr><td>2</td><td colspan="2">进行失速实验</td><td>2</td><td>10</td><td></td></tr>
<tr><td>3</td><td colspan="2">实验数据分析</td><td>2</td><td>10</td><td></td></tr>
<tr><td>学生计划</td><td colspan="6">学生根据本项目及组别的课题安排及实训设备情况进行信息收集,制订工作计划。例如:
①根据项目要求写出整个操作过程的步骤;(可在实训课前完成)
②根据项目选择所需的工具;
③写出组内分工计划,或轮岗计划</td></tr>
<tr><td>学生展示</td><td colspan="6">每组学生选派一人讲解本组计划,其他组提出不同见解。每组可重新修订计划,定稿后交给教师评价(可在课前学生自行完成,也可由教师组织完成。)</td></tr>
<tr><td>教师辅助</td><td colspan="6">教师评价各个计划的可实施性,对于不可实施的,教师提给出意见,由学生进行修改。再评价、再修改直到可实施</td></tr>
<tr><td>实操指导</td><td colspan="6">学生根据自己的计划进行工作,教师观察其操作情况并做指导,以及时纠正错误。根据各组的不同情况有针对性地做进一步讲解</td></tr>
<tr><td>岗位轮换</td><td colspan="6">教师控制整个项目的课时,每组课时结束进行课题轮换</td></tr>
<tr><td>备注</td><td colspan="6"></td></tr>
</table>

第三步:实施课题任务

学生根据计划完成自己的任务,教师观看、指导。

第一组:实验准备工作。

操作步骤如上。

第二组:进行失速实验。

操作步骤如上。

第三组:实验数据分析。

操作步骤如上。

第四步:检查实训过程

①教师根据实训内容进行演示教学或者操作步骤讲解。学生进行实践操作时,教师巡视检查学生操作情况,及时指出学生的错误操作或注意事项。

②学生在操作时,同组成员观察操作情况并互相提醒,操作的学生可随时查看工作计划或工作页,做到自我检查,保证操作的规范性和准确性。

③学生计划完成后,首先要进行自检,小组成员对本次任务进行评价;然后教师检查学生的完成效果。

第五步:评价总结

一、自我评价

学生自我评价,同时与组内同学讨论,交流心得。

二、课题考核

1. 考核要求

按正确的操作步骤进行检测。

2. 实训考核时间

60 min。

序号	考核内容	配分	评分标准	考核记录	扣分	得分
1	实验准备工作	20	根据情况酌情扣分			
2	失速实验的操作	40	根据情况酌情扣分			
3	对数据进行分析	40	根据情况酌情扣分			
4	分数合计	100				

项目一　电子控制制动防抱死系统工作过程　工作页

姓名________　　　　班级________　　　　专业________

一、理论知识

附着系数与滑移率之间的关系如图 1.1 所示，由图可见：

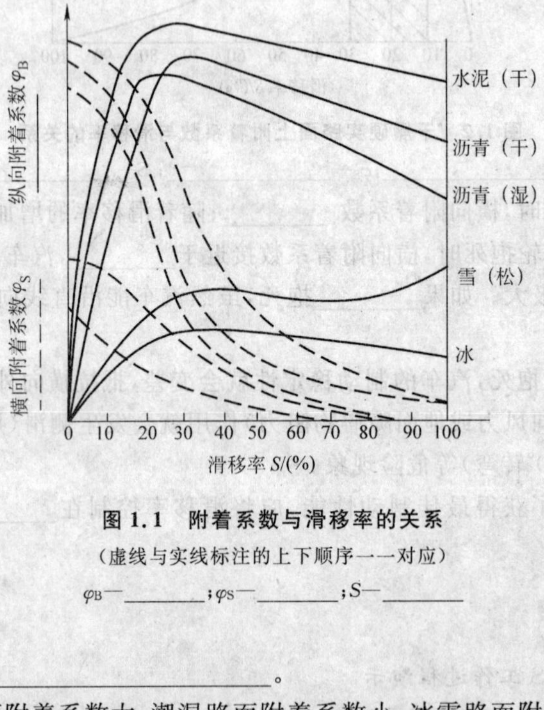

纵向附着系数 φ_B
横向附着系数 φ_S
水泥（干）
沥青（干）
沥青（湿）
雪（松）
冰
0 10 20 30 40 50 60 70 80 90 100
滑移率 S/(%)

图 1.1　附着系数与滑移率的关系

（虚线与实线标注的上下顺序一一对应）

φ_B—________；φ_S—________；S—________

①________________________________。

一般干燥路面附着系数大，潮湿路面附着系数小，冰雪路面附着系数更小。

在制动过程中，车轮抱死滑移的根本原因是________________。

②________________________________。

③________________________________。

在各种路面上，当滑移率为________左右时，纵向附着系数最大，制动效果最好。

纵向附着系数最大时的滑移率称为理想滑移率或最佳滑移率。

当滑移率超过理想滑移率时，纵向附着系数减小，产生的地面制动力随之下降，制动距离将增长。

滑移率大于理想滑移率后的区域称为________________，如图 1.2 所示。

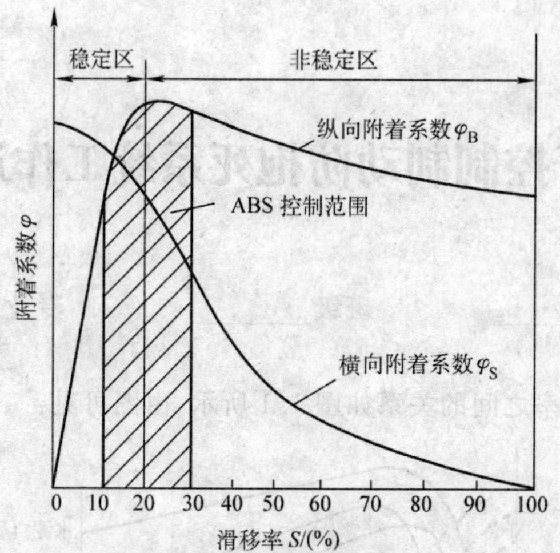

图 1.2　干燥硬实路面上附着系数与滑移率的关系

φ_B— ________；φ_S— ________；S— ________

当滑移率为零时，横向附着系数 ________；随着滑移率的增加，横向附着系数逐渐________。当车轮抱死时，横向附着系数接近于________，汽车将失去________和________，其危害极大。如果________抱死，虽然汽车能沿直线向前行驶，但是失去转向控制能力。

如果________抱死，汽车的制动稳定性就会变差，抵抗横向外力的能力很弱，后轮稍有外力（如侧向风力或地面障碍物阻力）作用就会发生侧滑（甩尾），甚至出现调头（即突然出现 180°转弯）等危险现象。

综上所述，为了获得最佳制动性能，应将滑移率控制在________范围内。

二、实训步骤

1. 左前轮 ABS 工作过程演示

1）左前轮油压建立过程演示

①关闭驱动电机。

②按下按钮________（实验模式转换开关），使所有扫描键指示灯熄灭。

③反复踏下________，观察左前轮制动油压表的变化情况，此时制动油压应随制动踏板力的大小改变而改变。

2）左前轮油压保持过程演示

①踏下制动踏板，当压力到达________（注意：不要松开制动踏板），按下________（左前轮进油电磁阀控制按钮），左前轮进油电磁阀通电工作，阀门关闭，同时显示面板上对应指示灯点亮。

②不要松开踏板，继续加力，此时左前轮的油压表压力不再上升，而其他的油压

表压力会随踏板加力升高而升高。

3)左前轮泄压过程演示

①先将按钮________按下，使右前、左后、右后轮的进、出油电磁阀通电，对应指示灯将点亮。

②踏下制动踏板，再按下________(左前轮出油电磁阀控制按钮)。注意：此时确保按钮7仍处于油压保持状态。此时左前轮进油电磁阀通电工作，阀门关闭，左前轮出油电磁阀通电工作，阀门打开，显示面板上相应的指示灯亮。

③再按下________(加压油泵启动控制按钮)，加压油泵开始运转，同时显示面板上ABS加压油泵指示灯亮。(注意：电机运转时间不能太长)

④此时，左前轮油压表压力下降为零，制动踏板有反弹顶脚的感觉。

4)左前轮增压过程演示

①按钮3、4、5、6、9、10仍处于按下的状态，对应指示灯亮。

②踏下制动踏板不放，再按下________和按钮7，此时左前轮出油电磁阀关闭，进油电磁阀打开，显示面板上对应指示灯熄灭。

③再按下按钮11，加压泵电机开始运转，同时显示面板上对应指示灯亮。(注意：电机运转时间不能太长)

④此时，左前轮油压表会随加压泵的运转而压力升高，踏板有反弹顶脚的感觉。

其他三个轮的工作过程与此相仿。

2. 自动演示操作

①关闭驱动电机。

②点击________，使所有扫描键指示灯点亮，进入演示操作模式。

③按下________，显示面板上油压建立制动油路指示灯亮，表示制动液通路，同时车轮指示灯所示转速从快到慢变化，表示该过程车轮转速变化。

④按下________，显示面板上油压保持制动油路指示灯点亮，表示制动液通路，同时车轮指示灯所示转速继续变慢，表示该过程车轮转速变化过程。此时，控制面板对应加压电磁阀通电指示灯点亮。

⑤按下________，显示面板上油压泄压制动油路指示灯点亮，表示制动液通路，同时车轮指示灯所示转速不变，表示该过程车轮转速变化过程。此时，控制面板对应减压电磁阀和加压泵电机通电，指示灯点亮。

⑥按下________，显示面板上油压增压制动油路指示灯点亮，表示制动液通路，同时车轮指示灯所示转速继续变慢，表示该过程车轮转速变化。此时，控制面板加压泵电机通电运转，对应指示灯点亮。

⑦按钮7～按钮10所示过程与按钮3～按钮6相似，但车轮转速延续变慢，表示制动过程又一个循环。

3. ABS控制过程演示

①将所有的故障断路开关接通(________)。

②按钮 1(实验模式/原车模式转换开关)处于放松未按下状态。

③将点火开关打到________,驱动电机启动,当电机转速平稳后,踏下制动踏板。

④此时,显示面板上各油路指示灯,各车轮进、出油电磁阀和电机指示灯按 ABS 控制过程接通和关闭,以指示 ABS 工作过程。

⑤踏板明显感觉 ABS 制动过程。

⑥车轮停转,完成制动全过程,显示板停止显示。同时驱动电机自动切断电源。

⑦松开制动踏板后,所有阀门和加压泵电机处于实验准备状态。

项目二　电子控制制动防抱死制动系统结构与检测　工作页

姓名________　　班级________　　专业________

一、理论知识

1. ABS的基本组成

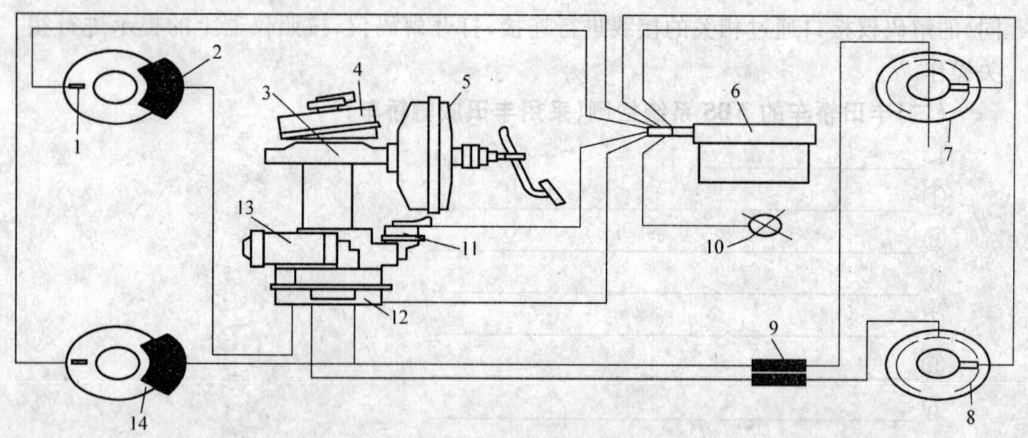

图 2.1　典型的ABS系统结构图

1—________;2—右前制动器;3—________;4—储液室;5—真空助力器;6—________;7—右后制动器;8—左后制动器;9—比例阀;10—________;11—________;12—________;13—电动泵总成;14—左前制动器

2. 电磁式车轮转速传感器的缺点

电磁式车轮转速传感器结构简单,成本低,但存在以下缺点。

①电磁感应式轮速传感器向ABS的ECU输送的电压信号的强弱是________,信号幅值一般在________的范围内变化。当车速很低时,传感器输出的电压信号若低于1 V,则ECU无法检测到如此弱的信号,ABS也就无法正常工作。

②电磁感应式轮速传感器________。当车轮转速过高时,传感器的频率响应跟不上,容易产生错误信号。

③电磁感应式轮速传感器的____________较差,尤其在输出信号幅值较小时。

3. 霍尔式车轮转速传感器的优点

霍尔式车轮转速传感器主要具有以下优点。

①输出的电压信号强弱不随转速的变化而变化。在汽车电源电压为12 V的条

件下，信号的幅值保持在________不变，即使车速很低时也不变。

②传感器频率响应高达 20 kHz，用于 ABS 中，相当于车速为________所检测的信号频率，因此不会出现高速时频率响应跟不上的问题。

③霍尔式车轮转速传感器输出的电压信号强弱不随转速的变化而变化，且幅值较高。因此，霍尔式车轮转速传感器____________________较强。

二、实习操作

(一)ABS 实验台的自诊断功能

①按下________(实验模式/原车模式转换开关)处于导通状态，指示灯点亮。

②打开点火开关，就可以进行自诊断测试。将____________(台架与项目一相同)的解码仪接口通过相关的接线进行连接，打开解码仪，按照仪器上的提示进行相关操作。

(二)丰田轿车的 ABS 系统检测(采用丰田威驰轿车)

1. ________________

①____________________________________。

②____________________________________。

③____________________________________。

④____________________________________。

⑤____________________________________。

⑥____________________________________。

2. 故障自诊断

1)读取故障码

①检查蓄电池电压，其值应约为________。

②接通点火开关，检查 ABS 警告灯，应________后熄灭。否则，检查、修理或更换仪表熔丝、警告灯灯泡或线束。

③脱开维修连接器或拔出短接插销，将发动机室内的故障诊断座或驾驶室内的 TDCL 连接器的________用跨接线连接，若 ABS 系统工作正常(无故障)，警告灯会每________闪烁一次；若 ABS 系统有故障，________后警告灯开始闪烁。可根据警告灯闪烁次数读取故障码，第一组闪烁的次数为故障码的十位数，间歇________后恢复闪烁，第二组闪烁的次数为故障代码的个位数。若有两个或多个故障代码，在每个故障代码之间会有________的间歇时间，全部故障码读取完毕后，间歇________后重新输出故障代码。故障代码按由小到大的顺序显示。

2)故障代码的清除

ABS 系统故障排除后，应清除存储在 ECU 中的故障代码。否则，车辆再次发生故障读取故障代码时，此次故障代码会一并被读出。

①____。

②____。

③____。

④____________________________________。

⑤____________________________________。

⑥____________________________________。

3. 轮速传感器信号故障代码的读取与清除

①____________________________________。

② 将诊断座或 TDCL 连接器的________端子跨接。

③____________________________________。

④____________________________________。

⑤____________________________________。

此时仪表盘上的 ABS 警告灯会闪烁，如果系统正常，警告灯将会以每秒两次的频率闪烁；如果有故障，则会闪烁出故障代码。

项目三　电控悬架系统故障码的读取与清除　工作页

姓名________　　班级________　　专业________

一、理论知识

1. 通过故障诊断灯的闪烁规律读取故障码

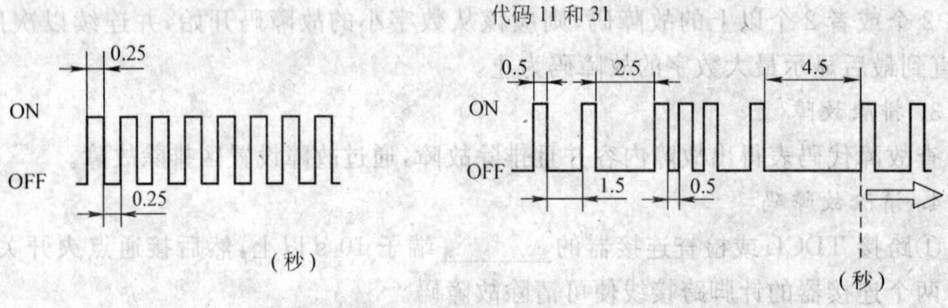

代码 11 和 31

0.25　ON　OFF　0.25　(秒)

0.5　2.5　4.5　ON　OFF　1.5　0.5　(秒)

________　显示故障码________

图 3.1　故障诊断灯的闪烁规律

2. 清除故障码的方法

①点火开关旋到 OFF,拆下 1 号接线盒中的 ECU－B 保险丝__________以上;

②在 10 s 之内连续踩制动或者加速踏板 8 次;

③在__________ s 之内连续开关车门 3 次。

3. 查故障代码表

故障代码	故障内容
11	前右高度控制传感器故障
12	前左高度控制传感器故障
13	后右高度控制传感器故障
14	后左高度控制传感器故障
21	前悬架控制执行器故障
22	后悬架控制执行器故障
31	前左高度控制阀故障
33	后左高度控制阀故障
35	排气阀故障

二、实习操作

1. 指示灯检查

①点火开关旋到 ON。

②________(SPORT 指示灯)和 ________(HI 指示灯)应点亮 2 s;NORM 指示灯常亮。若出现不正常现象,应该检测相应的电路。

③如果 NORM 指示灯以每________的间隔闪亮时,表明 ECU 中存有故障码。

2. 读取故障码

①点火开关置于 ON。

②跨接 TDCL 或检查连接器的________端子。

③从 NORM 指示灯的闪烁读取故障码(注意:当高度控制开关在 OFF 位置时,输出故障码 71,这不表明不正常)。若没有故障码输出,则应该检查 Tc 针脚电路;若存在 2 个或者 2 个以上的故障码,则应该从数字小的故障码开始,并连续以次序显示,直到最后显示最大数字的故障码为止。

3. 排除故障

查故障代码表得出故障内容并且排除故障,通过故障设置区排除故障。

4. 清除故障码

①跨接 TDCL 或检查连接器的________端子 10 s 以上,然后接通点火开关,并拆开两个连接器的针脚跨接线便可清除故障码。

②将点火开关旋到 ON,跨接 TDCL 或检查连接器的 Tc 与 E1 端子,在 8 s 之内开关车门 3 次。

5. 检测操作结果

拆除跨接线,观察 NORM 指示灯是否恢复正常(常亮)。

项目四　电控悬架系统结构及工作过程　工作页

姓名________　　班级________　　专业________

一、理论知识

可调阻尼力的减振器主要由________________等组成，如图 4.1 所示。活塞杆为一空心杆，在活塞杆的中心装有控制杆，控制杆的上端与执行器相连。控制杆的下端装有回转阀，回转阀上有 3 个油孔，活塞杆上有 2 个直孔，缸筒中的油液一部分经活塞上的阻尼孔在缸筒的上下两腔流动，一部分经回转阀与活塞杆上连通的孔在缸筒的上下两腔间流动。根据回转阀与活塞杆上的小孔不同的连通情况，减振器的阻尼力________________3 种。

1 ____________；2 ____________；3 ____________；4 ____________

可调节阻尼力的减振器的基本工作原理如下。

当回转阀上的________油孔相连时，流通面积较大，减振器的阻尼力为软；当只有回转阀________油孔与活塞杆油孔相连时，减振器的阻尼力为中等；当回转阀上三个油孔均被堵住时，仅有活塞上的阻尼孔起衰减作用，此时减振器的阻尼力为硬。

在出现如下情况时，控制装置自动使减振器从柔软或中等硬度状态变为硬状态：

①____；

②____；

③____；

④____。

在出现下列情况时，控制装置使减振器从硬状态变为中等硬度或柔软状态：

①____;
②____;
③____;
④____。

二、操作步骤

本课程采用的是济南金诺汽车科技有限公司生产的悬架电控系统实验台，本实验台大致可以分为____________________________四部分。

机体部分由____________________等组成。

检测显示部分主要指控制面板，可以显示各高度传感器的电压、压缩机气压、各传感器或者执行器的工作状态，并可通过检测端子进行检测。

控制操作部分主要包括____。

1. 控制开关

系统中含有 3 个控制开关，即：____________________________。
指示灯 3 个：____________________。

①LRC 开关的功用是通过电脑操纵执行器，改变减振器的减振和汽缸弹簧刚度。LRC 开关处于________位置，电脑可以正常控制执行器工作。LRC 开关处于________位置，电脑不再对执行器进行控制，弹簧刚度不再调整，同时 LRC 指示灯 SPORT 点亮指示。

②高度控制开关的功用是控制电脑以改变车身高度。当控制开关在“0”位置时，______________________，此时电脑调整车辆在正常高度位置。当控制开关在“1”位置时，______________________，此时电脑调整车辆在高度位置。

③高度控制 ON/OFF 开关的功用是接通或断开控制电路。当高度控制 ON/OFF 开关打在________位置时，悬架可以正常工作。当高度控制 ON/OFF 开关打在________位置时，则车辆不执行高度控制并且输出故障码。

2. 外加开关

外加开关 3 个，即：加载开关、减载开关、车速开关。

①加载开关。把加载开关打到________位置，相当于增加了车辆的载重量，车身逐渐下降；几秒钟以后，把加载开关复原到 0 位置，悬架电控系统自动把车身升高到______________________。

②减载开关。把减载开关打到________位置，相当于减轻了车辆的载重量，车身逐渐上升；几秒钟以后，把减载开关复原到 0 位置，悬架电控系统自动把车身________到自由位置。

③车速开关。打开此开关，相当于车身加速，此时悬架自动瞬时调整弹簧刚度。

项目五　助力转向系统的结构与工作演示　工作页

姓名________　　　　班级________　　　　专业________

一、理论知识

1. 液压式电子控制动力转向系统

电子控制动力转向系统(EPS)可以在低速时__________,以提高转向系统的操纵稳定性;在高速时则可适当__________,以提高操纵稳定性。液压式电子控制动力转向系统是在传统的液压动力转向系统的基础上增设电子控制装置而构成的。

2. 电动式电子控制动力转向系统

近年来随着微机在汽车上的广泛应用,出现了电动式电子控制动力转向系统,简称电动式________。

3. 电动式 EPS 的组成、原理与特点

电动式 EPS 通常由____等组成,如图 5.1 所示。

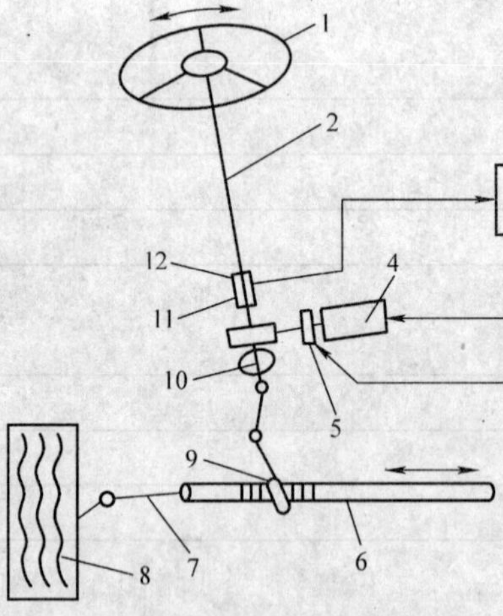

图 5.1　电动式 EPS 的组成

1—转向盘;2—输入轴;3—________;4—电动机;5—________;6—转向齿条;7—横拉杆;8—转向轮;9—输出轴;10—扭力杆;11—________;12—转向齿轮

电动式 EPS 是利用________作为助力源,根据车速和转向参数等,由 ECU 完成助力控制,其原理可概括如下:当操纵转向盘时,装在转向盘轴上的转矩传感器不断地测出转向轴上的________,该信号与________同时输入到 ECU;ECU 根据这些输入信号,确定助力转矩的大小和方向,即选定电动机的电流和转向,调整________的

大小。电动式 EPS 有许多液压式动力转向系统所不具备的优点：

①____；

②____；

③____；

④____。

二、操作步骤

本课程采用 KC－6 DKDZ 电动助力转向系统实训台。实验台采用长安铃木车型电动助力转向系统的零部件设计组装而成，它能够演示电动助力转向的工作情况，利用本实验台实验能够帮助学生较快地掌握汽车电动助力转向方面的知识。

实验前接通____________电源，按下____________上的按钮；将万用表拨至____________，拔下回路桥插 A，接上万用表。

1. 正常状态演示

①____。

②____。

③____。

④____。

2. 故障状态的演示

1)01 号故障演示

①____。

②____。

③____。

④____。

2)06 号故障演示

①____。

②____。

③____。

④____。

3)07 号故障演示

①____。

②____。

③____。

④____。

⑤____。

项目六　电子控制自动变速器的结构与拆装　工作页

姓名________　班级________　专业________

一、理论知识

(一)自动变速器的优点

相比于传统的机械式手动变速器,自动变速器具有如下优点。

①____。

②____。

③____。

④____。

自动变速器的主要缺点是 ___________________,导致油耗要高于机械变速器。

(二)自动变速器类型

1)按自动变速器前进挡位数分类

自动变速器按前进挡的挡数的不同,可分为______________________________。

2)按变矩器的类型分类

按液力变矩器的类型,自动变速器大致可分为______________________________

____三种。

3)按控制方式分类

自动变速器按控制方式不同,可分为______________________________。

(三)电子控制自动变速器组成

电子控制自动变速器主要由____等几个部分组成。

1. 液力变矩器

液力变矩器位于自动变速器的最前端,安装在发动机的飞轮上。它是通过工作轮叶片的相互作用,引起机械能与液体能的相互转换来传递动力,通过液体动量矩的变化来改变转矩的传动元件,具有无级连续改变速度与转矩的能力。液力变矩器对外部负载有良好的自动调节和适应性能,从根本上简化了操作;能使车辆平稳起步,加速迅速、均匀、柔和;由于用液体来传递动力,进一步降低了尖峰载荷和扭转振动,延长了动力传动系统的使用寿命,从而提高了乘坐舒适性和车辆平均行驶速度及安全性和通过性。液力传动装置的基本形式为液力变矩器。液力变矩器的结构如图6.1所示。

2. 辅助变速器

显然，机械传动在AT中属于辅助地位，故又称其为辅助变速器。

1)单排行星齿轮传动原理

行星传动类型很多，最简单的是由________________________________组成。实际行星齿轮变速器中是多个行星排的组合轮系，这时传动比可以通过解各个单行星排的运动方程及结构的约束方程所组成的联立方程组来得到。

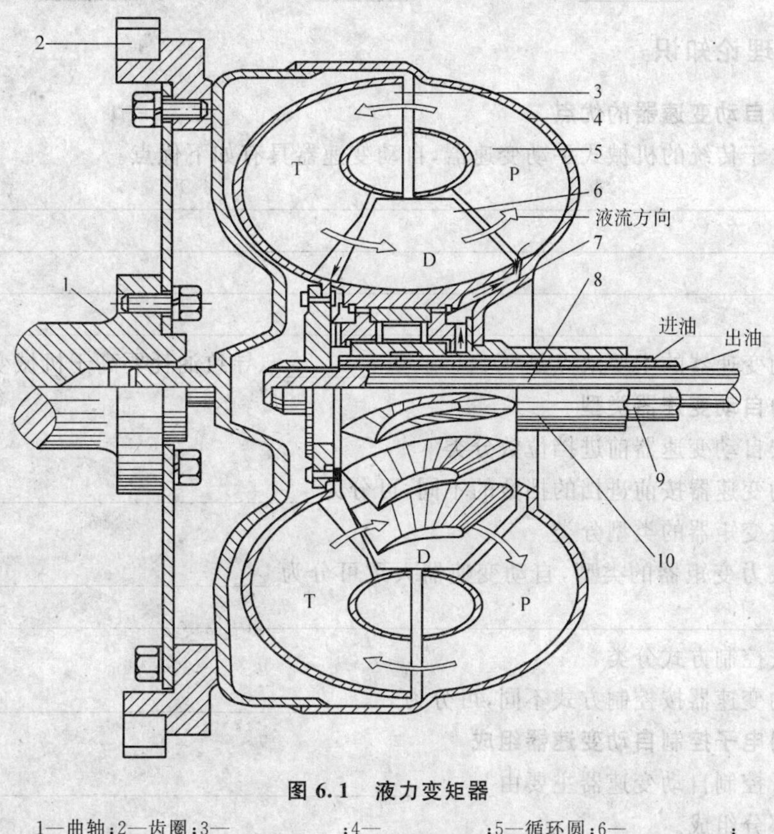

图 6.1　液力变矩器

1—曲轴；2—齿圈；3—__________；4—__________；5—循环圆；6—__________；7—__________；8—涡轮轴；9—单向离合器固定套；10—泵轮轴套

2)换挡执行机构

因为所有齿轮是处于常啮合状态，AT挡位变换不同于手动变速器用移动拨叉变速，它是以对行星机构的基本元件进行约束来实现的。通常有________三种执行机构，具有连接、固定或锁止功能，使变速器获得不同传动比，从而达到换挡的目的。

(1)离合器

离合器的作用是连接________成为一体，采用的是________结构。通常由离合器鼓、活塞、回位弹簧、钢片与摩擦片组、离合器毂及密封圈组成。离合器鼓与输入轴相连，离合器毂与输出轴相连。

(2)制动器

制动器的作用是使所＿＿＿＿＿＿＿＿,常用＿＿＿＿＿＿＿＿两种。带式制动器由制动带及其伺服装置(控制液压缸)组成。

(3)单向离合器

单向离合器可以起到离合器与制动器的作用,所不同的是以＿＿＿＿＿＿原理来实现固定或连接作用。

3. 控制系统

液力自动变速器的控制系统有液压式和电液式两种。新型液力自动变速器均采用了电液式控制系统,简称＿＿＿＿＿＿＿＿。

二、实习操作

其操作步骤如下。

①放出自动变速器油底壳内的变速器油,拆下＿＿＿＿＿＿＿＿。

②取下电磁阀线束、卸下＿＿＿＿＿＿＿＿＿＿,拆下阀体。

③＿＿＿＿＿＿＿＿＿＿＿＿＿＿＿＿＿＿＿＿。

④＿＿＿＿＿＿＿＿＿＿＿＿＿＿＿＿＿＿＿＿。

⑤＿＿＿＿＿＿＿＿＿＿＿＿＿＿＿＿＿＿＿＿。

⑥＿＿＿＿＿＿＿＿＿＿＿＿＿＿＿＿＿＿＿＿。

⑦测量＿＿＿＿与变速器壳体前端面的距离。

⑧取出＿＿＿＿,卸下制动带 B_1 及其液压缸活塞和弹簧。

⑨取出其他行星齿轮机构零件,观察换挡执行元件 B_2、F_1、B_3、F_2 的位置。

⑩拆下变速器后端盖,卸下＿＿＿＿＿＿＿＿＿＿,观察 C_0、B_0、F_0 的位置。

⑪将＿＿＿＿＿＿＿＿＿组装成一整体,分析其连接关系。

⑫＿＿＿＿＿＿＿＿＿＿＿＿＿＿＿＿＿＿＿＿。

⑬装复前两排行星齿轮机构(注意止推轴承的方向,注意＿＿＿＿＿＿的方向)。

⑭装复制动器 B_1 的活塞、弹簧和制动带。

⑮＿＿。

⑯装复油泵,油泵螺栓旋紧转矩为＿＿＿＿。

⑰装复阀体、电磁阀线束和节气门拉索;阀体螺栓转紧转矩为＿＿＿＿。

⑱装复油底壳,油底壳螺栓旋紧转矩为＿＿＿＿、放油塞旋紧转矩为＿＿＿＿。

项目七　自动变速器的控制原理及工作演示　工作页

姓名________　班级________　专业________

一、理论知识

电液式控制系统的核心是电子控制系统。电子控制系统由________（传感器、控制开关）、________、________3部件组成。

1. 自动换挡规律

________是指两排挡间自动换挡时刻随控制参数变化的关系。它应该是单值的，即对输入变量（换挡控制参数）的每一组合，仅存在唯一的输出状态——要么维持现状，要么升挡或降挡。

电子自动控制系统可存储多种规律供驾驶员选用，不仅有经济性规律、动力性（又称运动型）规律，而且还有一般（日常）规律、环境温度及随外界条件变化的规律等，即________可以自由设定为各种规律。

2. 信号输入装置

电子控制自动变速器用到的信号输入装置有传感器和开关，产生的信号一般有________3种形态。速度传感器产生脉冲信号，温度传感器产生模拟信号，选择开关则产生开关信号。

1）节气门位置传感器

其作用是________。

节气门位置传感器既可用于________，也可用于电子控制的自动变速器。

2）发动机转速传感器

发动机转速测量常用________。

3）车速传感器

车速传感器用于________，常用的有电磁感应式车速传感器和光电式车速传感器。

4）输入轴转速传感器

它安装在________或________上，用于检测________。

5）发动机冷却液温度传感器

发动机冷却液温度传感器用于________，为热敏电阻结构，通常位于冷却系统中靠近节温器的地方。

6）自动变速器油温度传感器

自动变速器油温度传感器为________结构，安装在自动变速器底壳内，

用于连续监控自动变速器油的温度。以作为 ECU 进行换挡控制、油压控制、锁止离合器控制的依据。在汽车起步或低速大负荷行驶时,液力变矩器转速比小,效率低,发热严重,造成油温高。因而,在超过某一温度界限时,变速器要在较高的发动机转速状况下才开始换挡。

7)超速挡开关

超速挡开关通常装在________________上,用于控制变速器的超速挡。在驾驶室仪表盘上,有________(“O/D OFF”指示灯)显示超速挡开关的状态。

8)换挡模式开关

换挡模式开关又称程序开关,用于选择自动变速器的________________,即选择自动变速器的换挡规律,以满足不同的使用要求。

9)空挡启动开关

空挡启动开关是一个多功能开关,不仅具有控制启动继电器线圈电路的功能,还可将变速器________________位置的信息传送给自动变速器的 ECU,使 ECU 可判断操纵手柄的位置。

10)停车制动开关

停车制动开关安装在________支架上,当踩下制动踏板时开关接通。ECU 根据制动开信号,松开变矩器闭锁离合器,同时停车灯亮。

3. ECU

ECU 实质上是向换挡执行机构发出换挡指令的发生器。它接收来自车速、油门、加速度及换挡选择机构所传来的信号,进行比较和处理,并按预定的规律选择挡位和换挡时刻,及时发出相应的换挡指令至换挡执行机构。ECU 的功能包括____。

1)控制换挡时刻

不同换挡模式下的换挡规律是不一样的,常见的换挡模式大致有以下几种。

(1)____________________

这种换挡规律,通常当发动机转速相对较低时,就会换入高一挡,即__________。

(2)____________________

通常这种换挡规律,只有发动机转速较高时,才能换入高一挡,即____________。

(3)____________________

普通模式的换挡规律介于经济模式与动力模式之间。它使汽车既保证了一定的动力性,又有较好的燃油经济性。

(4)____________________

该模式让驾驶员可在各挡位之间以手动方式选择合适的挡位,使汽车像装用了手动变速器一样行驶,而又不必像手动变速器那样换挡时必须踩离合器踏板。

二、实习操作

本课程采用 ATC—J2 型自动变速器实训台，本实训台采用__________电控四速后驱辛普森轮系自动变速器，输入端采用电机拖动，输出端采用盘式制动。配有自动变速器控制 ECU、换挡装置。箱体透明，使得行星齿轮系的工作与阀体、液压元件工作清晰可见。显示面板上设有制动、P/N 及挡位、电磁阀工作、O/D 灯、节气门开度、车速等显示，同时还有模式选择、诊断座、水温模拟等操控装置。操纵实验台设有电源开关、输入转速、点火开关、油压显示、制动手柄、节气门手柄、换挡装置等。

其演示步骤如下。

①将控制台上的电源开关扳向__________再将调速控制器上的电源开关扳向 ON 位，此时控制器上的通电指示灯应点亮，同时检查调速旋钮是否在零位。如果正常，检查换挡装置位是否为 P 或 N 位(注意只有换挡手柄在 P 或 N 时点火开关才能启动)。正确后将点火开关钥匙也顺时针旋转一挡，此时显示面板上的 S_1 电磁阀灯__________，__________。

②将点火开关钥匙再顺时针旋转一挡即可启动启动电机。启动后应随即松手，(按住换挡装置上的解除开关拉下制动手柄可解除驻车挡)然后将挡位挂入 D 挡，挡位表显示__________。顺时针调节调速旋钮使自动变速器低速运转数钟预热，并注意观察机器有无泄油及运转噪声。

③机器正常，温度适宜时，继续调节调速旋钮以增高变速器输入转速，此时随着变速器转速的逐渐增高，可以通过__________换挡电磁阀指示灯的亮灭及挡位表显示来观察自动变速从 4 挡到 1 挡的降挡过程。在操作过程中也可以同时调节速度调整旋钮和节气门手柄，观察自动变速控制 ECU 在不同工作下给出的换挡点是否一致。S_1 和 S_2 换挡电磁阀的亮灭参照表 7.1。

表 7.1　挡位与电磁阀的关系(“O”为__________；“——”为__________)

	电磁阀		
挡位	S_1	S_2	S_L
D_1	O	——	——
D_2	O	O	——
D_3	——	O	——
D_4	——	——	——
2—1	O	——	——
2—1	O	O	——
L	O	——	——
R	——	——	——

在自动变速器进行升挡、降挡演示时，可通过箱体窗口观察到各挡位的工作运转情况及执行元件的动作情况，通过油底窗口观察到阀板上油路和电磁阀的开闭状态。

⑤将换挡手柄分别置于 R 位、2 位、1 位时，对应挡位应显示在＿＿＿＿上的 P/N及挡位显示表，从低速到高速调节调速旋钮，则可以观察到自动变速器 R 位转动方向的变化，自动变速 2 位从 1 挡到 2 挡的升挡过程，随后保持不变，自动变速器 L 位的挡保持不变。同时可以通过箱体窗口观察到各挡位的工作运转情况及执行元件的动作情况，通过油底窗口到阀板上油路变化和电磁阀的开闭状态。

⑥在 3 挡或 4 挡位时将调速控制器的调速旋钮调节到＿＿＿＿r/min 左右时，调节水温模拟旋钮显示在表盘上＿位置时，变矩器应处于未锁止状态，在拉住制动手柄的情况下锁止电磁阀也处于未锁止状态。当调速控制器的调速旋钮调节到 900r/min 左右时，调节水温模拟旋钮显示在表盘上 3 位置时、气节门开度调节在＿＿＿＿左右时锁止电磁阀工作。

⑦在进行换挡操作的同时，可以从＿＿＿＿的摆针动作形象地反映出自动变速器内部主油压在换挡及节气门开度变化时的油压变化。

⑧在高挡位如需强制降挡，按换挡装置上的＿＿＿＿即可进行。通过 S_2 换挡电磁阀指示灯的亮灭变化看是否解除超速挡。（当 S_2 换挡电磁阀指示灯点亮时没有超速挡，同时 O/D 灯也点亮，解除强制降挡后 O/D 灯会随之熄灭。）

⑨通过＿＿＿＿＿＿可改变水温传感器的电压输入值。当水温调节模拟旋钮显示在表盘上＿＿＿＿位置时，可顺利升入 D_4 挡，＿＿＿＿旋转水温模拟旋钮使得电压值增大；此时可以观察到水温的变化对自动变速器运转的影响（在低水温的情况下 D 挡位不会升到 4 挡）。正常工作演示时水温调节模拟旋钮显示在表盘上 0 位置。

⑩运转时可通过模式开关来选择经济模式或动力模式。（按下模式开关为动力型模式，保持原位不变为经济型模式）

⑪在演示运转结束后，应将换挡手柄拨至 P 位，关闭＿＿＿＿拔下钥匙，然后关闭＿＿＿＿。

项目八　自动变速器电控系统故障的自诊断　工作页

姓名________　班级________　专业________

1. 故障诊断

随着电子控制系统的大规模化和复杂化，系统出现故障时的影响也增大。为检测出系统部件的故障部位，在ECU内设有专门的__________，它在汽车行驶过程中不停地监测自动变速器电子控制装置中所有传感器和部分执行器的工作。

一旦发现故障，ECU将故障信息以故障码的形式储存在__________的存储器内，只要不拆除__________，被测到的故障码就不会消失。大部分汽车是以__________作为故障警告灯的。若超速挡指示灯亮起后，按动超速挡开关也不能将它熄灭，即说明电子控制装置有故障。

故障诊断分____________________，随车诊断及时，车外诊断功能齐全，两者各有优点，不能相互代替，而是相互补充并有机结合。

2. 失效保护

发生故障是难免的，但如果一旦有故障，必须马上停车，否则很危险。为此，在诊断系统中有__________功能，即个别部件失效时，其系统功能可用其他部件完全或部分代替，使系统能继续保持规定性能或不丧失基本功能，保证汽车返回维修点维修。

故障诊断模块及时发现控制系统的故障，并分离发生故障的部位，判断故障的种类，估计出故障的大小和时间，进行评价与决策。故障容错与处理模块根据检测和诊断信息，可得知被控对象的结构和参数的变化，采取具体的调整措施，如替代信号或替代冗余、__________、转入机械操纵、双ECU系统、故障显示等。

3. 故障诊断程序

针对诊断后发现的故障，控制系统合理安排故障处理的优先级，并作两步反应。

第一步对失效信号或功能提供代替信号或替代功能(容错功能)，分以下几种情况。

1)__________

节气门位置传感器出现故障：踩下加速踏板且怠速开关断开时，按节气门开度为__________控制，同时节气门电压为最大值；当加速踏板完全放松而怠速开关接通时，按__________状态控制，同时节气门电压为最小值。

车速传感器出现故障时，自动变速器的挡位由操纵手柄位置决定：对4挡变速器，在D和S或2(低挡2)位固定为__________；在L(低挡1)位，固定在__________；

或不论手柄在任何前进挡位，均固定于__________，以保持最基本行驶能力。

现代完备的控制系统有发动机转速传感器、输入轴转速传感器及车速传感器，行驶时ECU充分利用其相互关系，检查各自的可信度。如当车速传感器损坏时，仍可用输入轴转速传感器来控制换挡，提高了出现故障时的后备能力；输入轴转速传感器出现故障时，ECU停止发动机减小转矩控制，换挡冲击有所增大；油液温度传感器出现故障时，按__________作为代替信号控制。

2)__________

换挡电磁阀出现故障时有两种处理方法：一种是不论有几个阀出故障，ECU均__________，此时挡位完全由操纵手柄决定；另一种是仅使其中一个失效，其他阀仍工作，以保证仍能自动换挡，但会__________，且换挡规律也有所修正。

第二步为紧急模式，只有当系统无法提供__________时才可启用。同时驾驶室仪表板上显示__________，并将检测到的故障内容以故障码形式储存于系统存储器内。只要不切断电源，故障码就一直保存于ECU中，以供维修人员阅读，为查找故障提供了可靠的依据。

二、操作步骤

本课程采用ATC－J2型自动变速器实训台。本实训台采用丰田A340E电控四速后驱辛普森轮系自动变速器，输入端采用电机拖动，输出端采用盘式制动。配有自动变速器控制ECU、换挡装置。箱体透明，使得行星齿轮系的工作与阀体、液压元件工作清晰可见。显示面板上设有制动、P/N及挡位、电磁阀工作、O/D灯、节气门开度、车速等显示，同时还有模式选择、诊断座、水温模拟等操控装置。操纵实验台设有电源开关、输入转速、点火开关、油压显示、制动手柄、节气门手柄、换挡装置等。

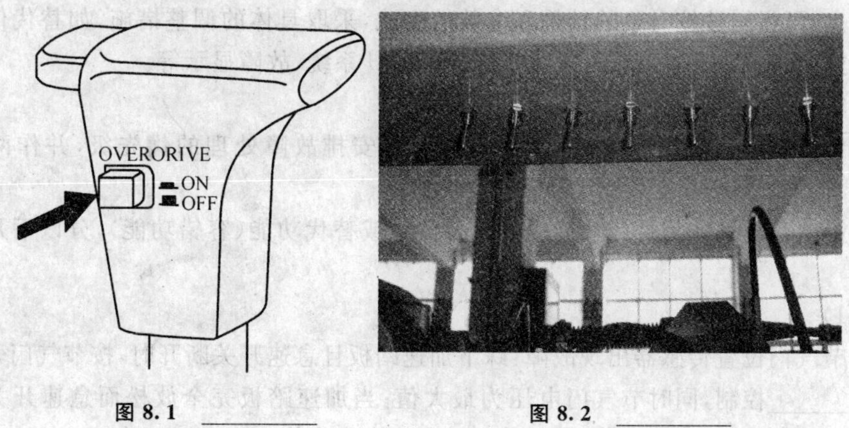

图8.1 __________　　　　图8.2 __________

在显示面板的下方设有故障设置开关，如图8.1所示，背后正视自右向左顺序如下表：

序号	故障名称	序号	故障名称
1	怠速触点	5	________
2	________	6	________
3	水温传感器	7	________
4	________		

若自动变速出现故障或人为设置故障后，关闭点火开关再打开后运转时 O/D 灯会闪出故障码，故障排除后可通过断开________来消除故障码。

故障码的提取：可以从用跨接线短接________端子，通过 O/D 灯的闪烁来读取故障码。（如 62：十位数先闪 6 次、个位数后闪 2 次，其余类推）

故障灯闪烁次数	故障名称	故障灯闪烁次数	故障名称
62	________	63 ________	________
64	________		

操作步骤如下。

①点火开关旋到 ON，O/D 开关旋到________，O/D OFF 指示灯应熄灭；O/D 开关旋到 OFF，O/D OFF 指示灯应点亮；否则，应检查指示灯电路。按下序号 5 设置 S1 电磁阀故障。

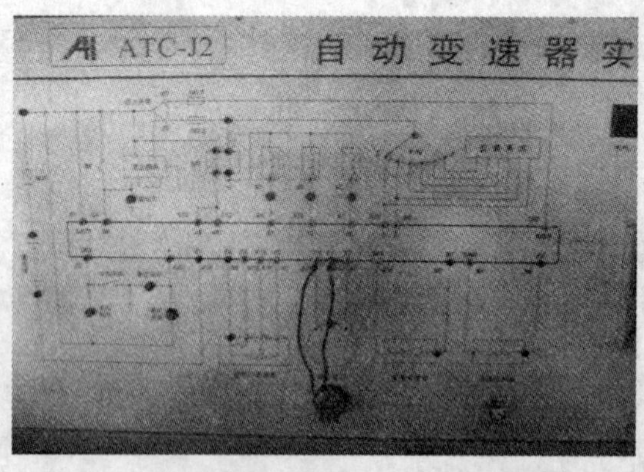

图 8.3　跨接________端子

②把自动变速器打到 D 挡位，观察能否正常工作，是否可以在 1～4 挡自由转换。

③观察 O/D 灯每隔________闪烁一次。

④用跨接线短接 TE_1 和 E_1 端子，通过________的闪烁来读取故障码。故障码的读取方法同电控悬架系统故障码的读取方法。

⑤根据读取的故障代码，查上面的代码表，并且排除故障。

⑥故障排除后可通过断开总电源或拔下保险 10 s 以上来消除故障码。

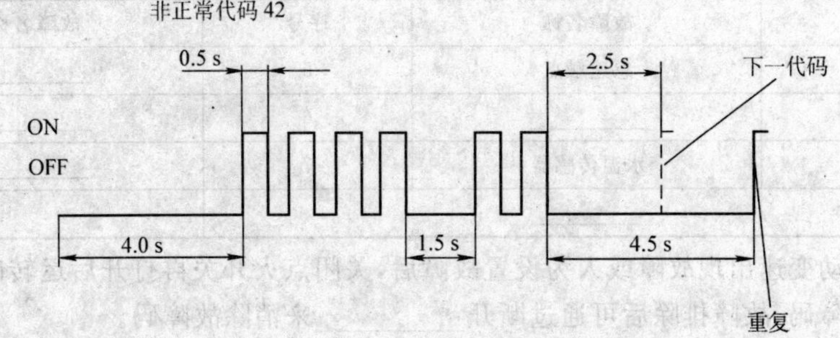

图 8.4　故障码的读取方法

⑦重新读取故障码，看故障是否排除。

项目九　自动变速器零件的检修　工作页

姓名________　班级________　专业________

一、理论知识

(一)内啮合齿轮式油泵

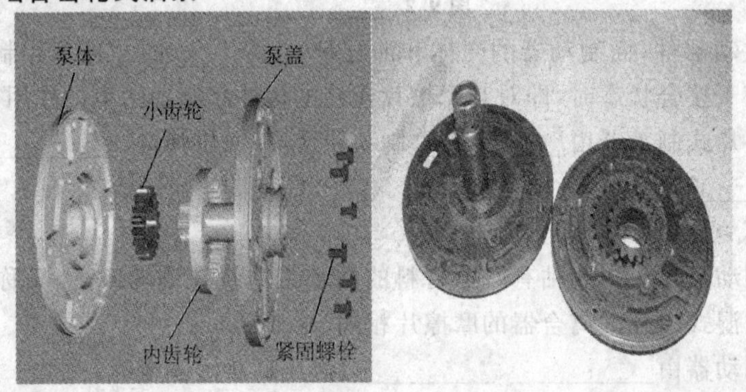

图 9.1　内啮合式齿轮泵

内啮合式齿轮泵由____________________等组成。泵盖上的花键用于固定液力变矩器单向离合器的内座圈,小齿轮上有两个凸起,液力变矩器泵轮的两个凹槽插到小齿轮的两个凸起上带动小齿轮转动,小齿轮带动内齿轮转动。泵体上有一个月牙形隔板,将油腔分成进、出油腔。液力变矩器的____________________带动小齿轮转动,小齿轮带动____转,齿轮脱离啮合,容积变大产生吸力,将油吸入;当齿轮进入啮合,容积变小将油泵出。

(二)单向离合器

单向离合器无须控制机构,其工作完全由与之相连接的元件的受力方向来控制。它能随着行星齿轮变速器挡位的变换,在与之相连接的基本元件受力方向发生变化的瞬时即产生接合或脱离,可保证__________,同时还能大大简化液压控制系统。

(三)离合器

多片湿式离合器通常由________、离合器活塞、________、弹簧座、钢片、________、调整垫片、________及几个密封圈组成,如图 9.2 所示。______________交错排列,两者统称为离合器片。

(四)制动器

1. 湿式多片式制动器

湿式多片式制动器基本功能和结构与片式离合器相似,其区别在于离合器的壳

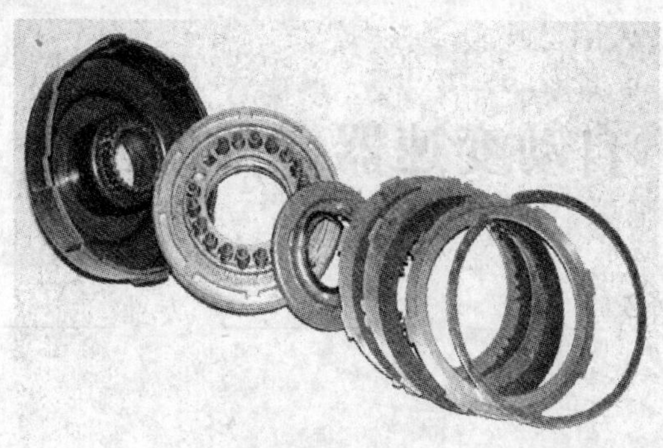

图 9.2 ________

体是一个主动部件，而制动器的壳体和油缸是________的。当多片制动器的钢片和摩擦片处于接合状态时，即对与摩擦片连接的构件起制动约束的作用。

湿式多片式制动器由________、制动器活塞、回位弹簧、________、制动器钢片、________等组成。

2. 带式制动器

带式制动器是将内侧粘有摩擦材料的制动带卷绕在制动鼓上，又称制动带。其摩擦材料与湿式多片式离合器的摩擦片相同。

带式制动器由________、________、液压缸及活塞组成。

二、操作步骤

(一)液力变矩器的检修

1. 液力变矩器的检查

①检查液力变矩器外部有无损坏和裂纹，轴套外径有无磨损，驱动油泵的轴套缺口有无损伤。如有异常，应更换液力变矩器。

②将液力变矩器安装在发动机飞轮上，用千分表检查变矩器轴的偏摆量，如图9.3所示。如果在飞轮旋转一周的过程中，径向摆动量大于________，应转换一个角度重新安装予以校正，并在校正后的位置上作一记号，以保证安装正确。若无法校正，需更换液力变矩器。

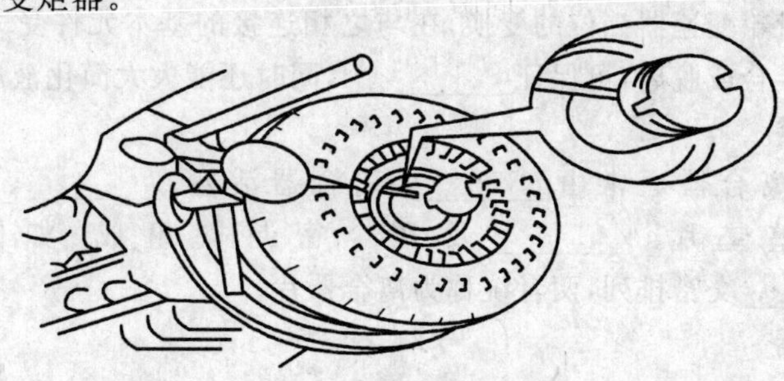

图 9.3 用千分表检查变矩器轴的偏摆量

③先将单向离合器内座圈驱动杆(专用工具)插入__________中,如图 9.4(a)所示,再将单向离合器外座圈固定器(专用工具)插入__________中,并卡在轴套上的油泵驱动缺口内。如图 9.4(b)所示转动驱动杆,检查单向离合器工作是否正常。在__________方向上单向离合器应锁止,__________方向上应能自动转动,如图 9.4(c)所示。如有异常,说明单向离合器损坏,应更换液力变矩器。

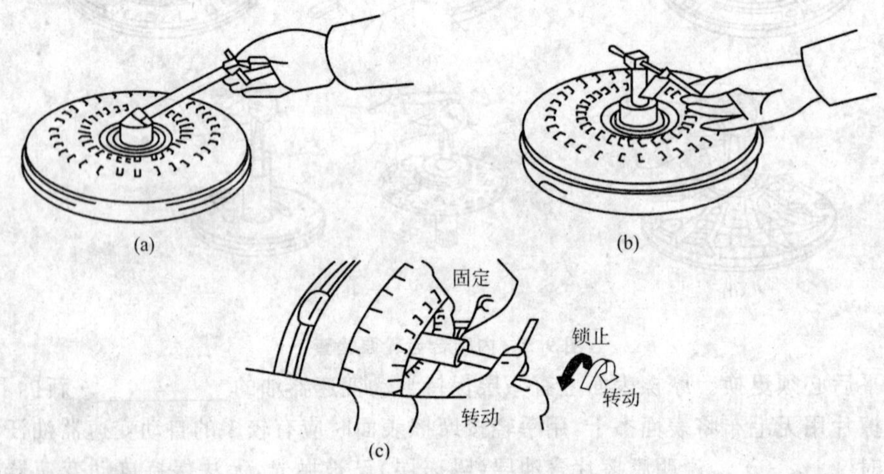

图 9.4 单向离合器的检查

2. 液力变矩器的清洗

①倒出变矩器中残留的__________。

②向变矩器内加入__________干净的自动变速器液,摇动变矩器,以清洗其内部,然后将自动变速器液倒出。

③再次向变矩器内加入__________干净的自动变速器液,清洗后倒出。

(二)油泵的检修

内啮合齿轮泵的检查项目主要有:油泵内齿轮外圈与壳体间隙、齿顶与月牙板间隙、齿轮端隙、壳体衬套内径、转子轴套前端直径、转子轴套后端直径。测量数据应该符合各自的说明书的要求。

①测量____________________间隙,如图 9.5(a)。

②测量____________________,如图 9.5(b)。

③测量____________________间隙,如图 9.5(c)。

④测量____________________内径,如图 9.5(d)。

⑤测量____________________前、后端直径,如图 9.5(e)。

(三)离合器的检修

1. 离合器摩擦片的检修

摩擦片上的沟槽是存贮自动变速器油用的,__________后,自动变速器油就无法进入摩擦片与钢片之间。失去自动变速器油的保护之后,磨损速度会急剧加快。沟

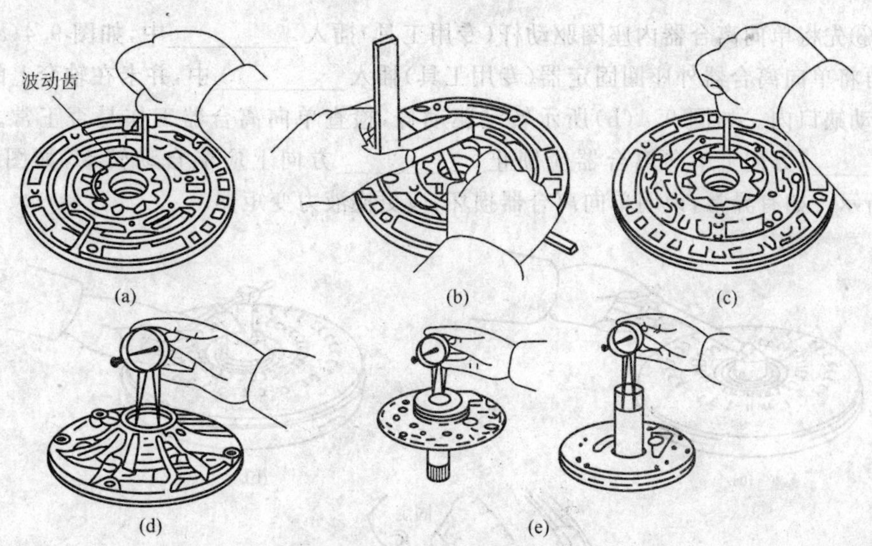

图 9.5　内啮合齿轮泵检查

槽磨平后必须更换。摩擦表面上有一层保持自动变速器油的__________。新拆下来的摩擦片用无毛布将表面擦干，用手轻按摩擦表面时应有较多的自动变速器油汪出。轻按时__________，说明摩擦片含油层（隔离层）已被抛光，无法保持自动变速器油，必须更换。

摩擦衬片上有__________，记号磨掉后也必须更换。摩擦片出现翘曲变形的也必须更换。摩擦片__________（烧蚀）的也必须更换。摩擦片表面出现剥落、有裂纹、内花键被拉毛（拉毛容易造成卡滞）、内花键齿掉齿等现象都必须更换。

2. 离合器其他元件的检查

1）离合器活塞回位弹簧的检查

离合器和制动器回位弹簧中，最易损坏的是低挡、倒挡制动器活塞的回位弹簧。它的工作行程和工作压力最大，所以最容易损坏。损坏后__________、弯曲变形，同时许多断弹簧散落在__________边。检查时一目了然，维修时需整组更换回位弹簧。离合器活塞回位弹簧工作行程和油压较小，很少损坏。拆卸离合器时，外观上看回位弹簧没有折断、散乱，就不必拆回位弹簧的卡环。安装回位弹簧卡环时如没有__________，安装将十分困难。回位弹簧主要检查其自由长度，凡变形、过短、折断的弹簧必须更换。

2）压盘和从动盘的检查

①压盘和从动片上的__________要完好，不能拉毛，拉毛易造成卡滞。

②压盘和从动片表面如有__________的斑迹，则应放在平台上用高度尺测量其高度，可将两片叠在一起，检查其是否变形。出现变形或表面有裂纹的必须更换。

离合器重新装配后要检查__________。间隙过大会使换挡滞后、离合器打滑；间隙过小会使得离合器分离不彻底。

3. 单向离合器的检测

①检查单向离合器的锁止方向。其应在________有效锁止，在反方向可自动转动。若在锁止方向打滑或在自动转动方向发卡，应更换单向离合器。

②目测检查有________________________________等情况。

③单向离合器沿运动方向旋转时，其转矩必须小于________，如大于该值就应更换。金属材料的滚柱式单向离合器不仅装配时严禁击打，装前也应认真检查其________，如发现有凹坑，必须更换。

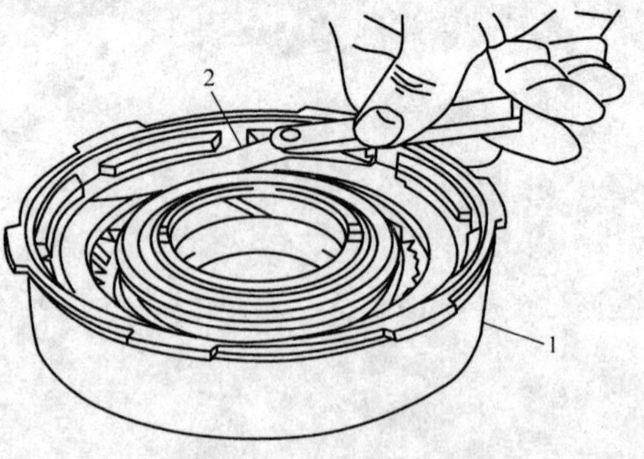

2

1

图 9.6 检查离合器间隙

④单向离合器中的滚柱滚过凹点时，会因发生卡滞而发出明显的“嗡嗡”声。维修时以根据“嗡嗡”声出现的时机，来判断具体是哪个单向离合器发生了故障。

(四)制动器的检查

1. 制动带的调整

1)________

2)液体吸附能力检查

用无毛布把制动带表面的________擦掉后，用手轻按制动带摩擦表面，应能汪出油，汪出的油越多，说明________含油性越好。如轻压后没有油汪出，说明制动带摩擦表面上的含油层已被磨损，如继续使用将很快被烧蚀，必须更换。

2. 制动鼓的检查

与制动带配合工作的制动鼓的摩擦表面也需要检查。铸铁制动鼓的摩擦表面上如有刻痕，可用________石英砂布沿旋转方向打磨。钢板冲压的制动鼓，检查时把钢板尺立在鼓的摩擦表面上，检查鼓表面的垂直度。鼓的摩擦表面磨成盘形，会使制动带的制动效能严重削弱。因此磨损变形的鼓必须更换。

制动器装配后要调整工作间隙，调整原因与离合器间隙的调整一样。方法是：将调整螺钉上的________拧松并退回大约________，然后用扭力扳手按规定转矩将调整螺钉拧紧，再按维修手册的要求将调整螺钉退回一定圈数，最后用锁紧螺母紧固。

(五)行星齿轮的检修

在自动变速器所有的零件中，行星齿轮机构的寿命是最长的，它们不承受任何的换挡冲击，在正常使用的条件下它的工作寿命不会低于________。其中太阳轮和齿圈几乎没有损坏的可能，行星齿轮自身损坏的可能也很小，唯一可能出现问题的是________。

项目十　自动变速器油的检查　工作页

姓名________　班级________　专业________

本课程以丰田车系为例讲解。自动变速器油液的检查分成两部分：油面和油质的检查。

(一)油面的检查

油液液面的高低对自动变速器的工作有很大的影响。油液液面过低时空气可能进入油泵内部循环并与油液发生混合，导致油液分解，出现气阻使得油压难以建立或油压过低，导致离合器和制动器打滑。油液液面过高同样会使油液分解，因为行星齿轮在过高的液面下转动，空气同样会被压入油液。被分解的油液可能产生泡沫、过热或氧化等现象。所有这些问题都会使得各种阀门、离合器、伺服机构等部件因压力不够而出现故障。

一般可以使用自动变速器上的油位刻度尺检查，常用的油尺见图 10.1。

油面检查按下述程序进行。

①____。

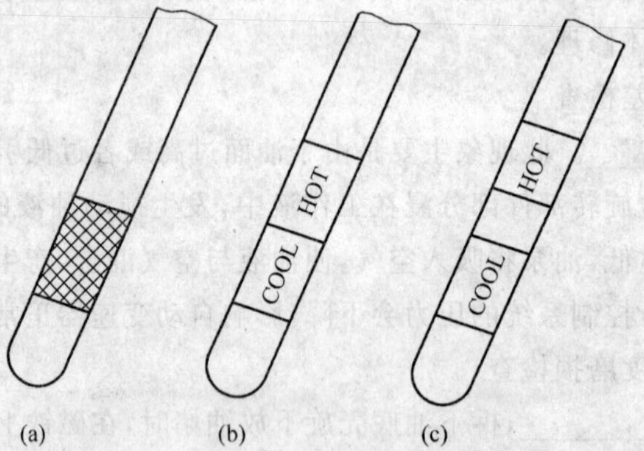

图 1　自动变速器油尺类型

(a)________；(b)________；(c)________

②____。

③____。

④____。

大多数汽车都可以在变速器处于工作温度和发动机运转时精确测出 ATF 液面高度。拔出油尺后，用棉纱或纸巾把油尺擦拭干净。重新插入油尺，再拔出，注意读出数值。有些油尺上标有“ADD”(添加)的字样，有些油尺上刻有分别针对

__________、__________和“HOT”(热态)的油液面高度适合标记。

(二)油质的检查

在检查油液液面高度的同时,还应该进行油液状况的检查。油质是分析自动变速器内部问题的重要依据。正常情况下的自动变速器油液(ATF)是红色或粉红色透明液体。

1)过热破坏检查

如果油液变成__________,或出现烧焦的气味,说明已经发生过热破坏。

2)检查 ATF 中进水

如果油液出现____________________的颜色,说明发动机冷却液通过散热器进入了变速器冷却器,此时打开水箱盖也可以看到水面会漂浮一层褐红色液体,是自动变速器油。因为自动变速器油一般是通过水箱来散热的。如果油液状况存在任何问题,一定要取出一些样品进行比较和检查。当发现水箱损坏后,一般只能采取更换水箱的办法,因为许多铝合金水箱焊接后不容易保证密封和耐压能力。进水的自动变速器必须经过彻底清洗才能继续使用。清洗可以使用专门的自动变速器清洗剂。

3)检查摩擦片严重打滑

如果油液呈__________,与旧机油的颜色相近,并且伴有严重烧焦糊味,说明离合器、制动器的摩擦片和制动带严重打滑并引起机油变质,伴随这种现象出现的故障是自动变速器严重打滑、跳挡受影响或基本不能跳挡。出现此种情况可以判定自动变速器必须进行解体修理。

4)油面高度误差检查

油中有__________。此现象主要是由于油面过高或者过低引起的。当油面过高时,行星齿轮和其他旋转部件部分浸在工作液中,发生搅动油液的现象,导致油液产生气泡;如果液面过低,油泵将吸入空气,使油液与空气混合,产生气泡。若气泡进入液压控制系统,液压控制系统的压力会下降,影响自动变速器正常工作,引起打滑。

5)金属零件过度磨损检查

油液中含有__________,拆下油底壳旋下放油堵时,在磁铁上会发现大量金属碎末,此种现象是由于自动变速器内的金属件磨损造成的。常见的易磨损部件有轴承、离合器片、钢片、制动带、油泵、阀体柱塞等。

6)密封件老化检查

揭开油底壳发现油中含有__________的碎物。此现象是由于离合器等部件活塞的密封圈老化或者装配错误而破损后进入油底壳产生的。同时,因为密封圈损坏导致油压下降,致使摩擦片的磨损加快,出现碎物。

7)摩擦材料剥落检查

油中有____________________,此种现象比较少见,一般出现在经过修理的自动

变速器里。造成此现象的主要原因是摩擦片质量太差或新摩擦片在油中浸泡时间过短。按要求，在进行自动变速器维修时，新离合器片和制动带要在自动变速器油液中浸泡 45 min 以上，否则很容易造成离合器摩擦片成块剥落。另外油质差也容易造成上述现象。

8)纤维堵塞检查

油中有__________。产生此现象的原因是在装配自动变速器的过程中，使用了易脱落丝毛的纤维物擦拭自动变速器内的零部件，造成丝状物脱落与工作液相混合。此丝状物对自动变速器影响极大，易堵塞油道和滤网。因此，在进行自动变速器维修时严格禁止使用棉丝等易于脱落纤维的布擦拭零件。

项目十一　自动变速器的失速实验　工作页

姓名________　班级________　专业________

1. 失速实验操作

1)实验准备工作

因为失速实验时,变速器内部受到一个极大的转矩负荷,因此要事先做好以下几方面工作。

①检查确认__________是否良好,如果发动机性能下降,会造成测试结果失真,或不能准确反映问题。

②变速器内的____________________都必须正常,否则将影响测试结果的准确性,还有可能对自动变速器造成损害。

③汽车须有良好的安全条件,行车制动器与驻车制动器的性能良好,保证实验时能可靠制动。将车轮用__________等塞住,以保证安全。

④汽车周围不应有影响安全的人或障碍物。

⑤如果车上无发动机转速表,须另外加装发动机转速表。

⑥实验操作者应该具备一定的反应能力。

2)实验方法及注意事项

①将汽车停放在宽阔的水平地面上,前后车轮用三角木块塞住(图 11.1)。

②用____________________把车轮制动死。

③检查自动变速器的油温,应在__________,冷车应在实验前使其升温;油面高度及油质正常。

④起动发动机,将换挡操纵手柄换到__________。

⑤左脚踩下制动踏板的同时,右脚将加速踏板踩到底,在发动机转速不再升高时,迅速读取此时的__________,此时的发动机转速即为失速转速,然后立即松开加速踏板。由于在实验时发动机功率全部在变矩器内损耗掉了,因此会产生大量的热,所以失速时间不要过长,一般都在__________之内,即读完数据后立即放松加速踏板。

⑥将换挡手柄拨至__________位置,让发动机至少怠速运转__________以上,以防止因油温过高而使油液变质。

⑦将换挡手柄移动至 R 挡做同样的实验。

此实验的操作动作比较简单,但在车辆完全制动的情况下,自动变速器的输出轴及输入轴都静止不动,液力变矩器的涡轮也静止不动,挂入行驶挡位并且完全踩下加速踏板,只有液力变矩器壳及泵轮随发动机同步转动。因为变速器内部承受的转矩

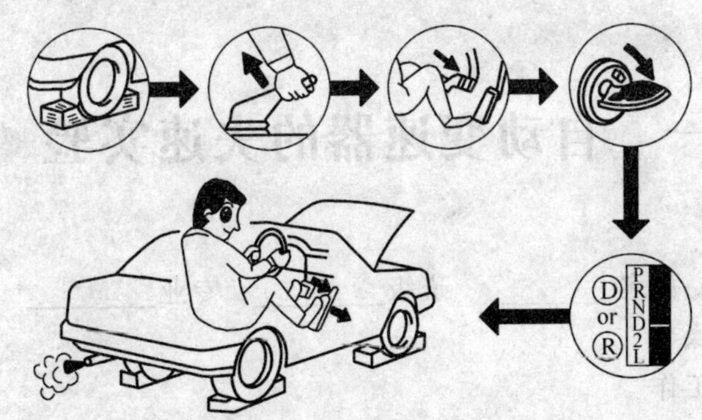

图 1　失速实验

很大，一定要注意做实验时的连续时间__________，要及时冷却。另外，在实验时要注意监听发动机及自动变速器内声音的变化。在实验时，随着加速踏板的踏下，发动机和变矩器应有很大的__________，但决不可听到任何金属撞击声和尖锐的杂音。

2. 失速转速数值分析

失速转速的非正常情况有两种：高于规定值与低于规定值。失速转速表给出的失速转速值都是个范围，而并非某一确定的值。

1)失速转速过低

由于变速器的零件在不运转（被强行固定）时，运转阻力没有变化，如果失速转速低于标准范围，只能是____________________两方面的原因。为进一步区分发动机与变矩器的故障，可将选挡手柄置于 P 或 N 挡，让变矩器涡轮不带负荷，对发动机进行急加速，如果发动机转速能在急加速时很顺畅地上升，则说明发动机是正常的。如果汽车在行驶中也出现加速不良，而高速时却很正常，则可判为变矩器导轮单向离合器工作不良，造成功率损失。如果失速转速低于规定值__________以上，说明液力变矩器可能严重失效。

2)失速转速过高

出现失速转速过高时，发动机与液力变矩器故障的可能性较小，故障一般都发生在__________，主要是因换挡执行元件打滑引起。

现以丰田 A43D 变速器说明分析的思路。

①如果在倒挡或前进挡位失速转速均高，则原因可能为__________压力过低，或内部换挡执行元件损坏较严重，像离合器 C_0 及单向离合器 F_0 损坏。如果失速转速极高说明机油泵损坏，提供不了油压。

②如果在 D 挡失速转速正常，而 R 挡失速转速较高，则说明离合器 C_2 的活塞损坏或__________磨损较为严重，也有可能是倒挡的控制柱塞有故障。

③如果 R 挡失速转速正常，前进挡（D、2、L）失速转速过高，则说明与倒挡有关的离合器 C 基本没有问题，应该是前进挡离合器 C_1 有故障、液压活塞或控制柱塞有故障。

3. 丰田车型的失速数值表

利用失速转速值分析故障，影响失速转速的因素较多，不同发动机、不同的液力变矩器的失速转速不同，但大部分汽车自动变速器的失速转速都在 2 000～3 000 r/min这个范围内。

表 11.1　丰田自动变速器的失速转速

车　　型	变速器类型	失速转速(r/min)	车　　型	变速器类型	失速转速(r/min)
Corolla(花冠)2.2L	A245E	2 300～2 400	Previa 大霸王	A340E	1 900～2 200
Lexus(凌志)GS300	A340E	2 300～2 600	Camr 佳美 V6	A540E	2 250～2 550
LeXUSLS400	A341E	2 050～2 350	LexusES300	A540E	2 450～2 750
LexusSC300	A340E	2 050～2 350	皇冠	A43DE	2 250～2 550
LexusSC400	A340E	2 050～2 350	佳美 2.2	A140E	2 100—2 400

项目十二　丰田公司电控自动变速器的检测　工作页

姓名________　班级________　专业________

1. 常规检查

常规检查的内容与全液压自动变速器基本相同。

2. 读出故障码

丰田公司在其使用的大部分自动变速器上都安装了检查连接器,可以通过短接检查连接器中某些端子从故障灯处获得有用的维修信息,确认电控系统是否出现故障。

1)操作方法

①使点火开关处于 ON 位置,但__________。超速挡主开关处于 ON 位置,此时开关触点断开,可以升入 D 挡,正常时仪表板的__________不亮。

②连接检查连接器的__________端子(图 12.1)。

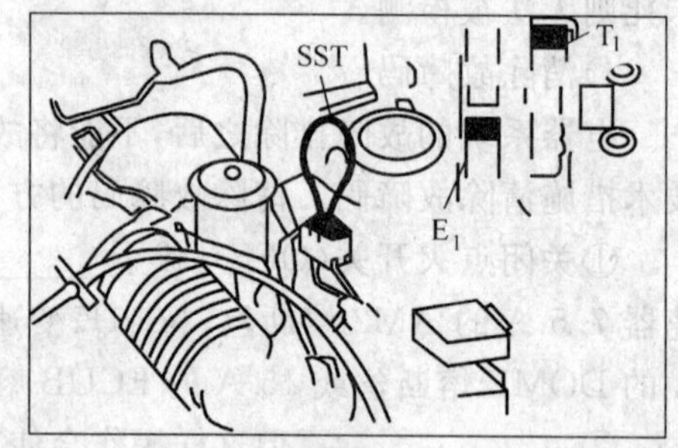

图 12.1　检查连接器 T_1 与 E_1 端子的连接

③根据“O/D OFF”闪烁的次数确定故障代码。如果系统工作正常,灯以 0.25 s 的间隔均匀闪烁。如果系统出现故障,灯闪烁时点亮和间隔的时间均变为 0.5 s,闪烁的第一组数字为故障代码的十位数字,灯熄灭__________后的闪烁为表示个位数字的第二组数字(图 12.2)。如果同时存在几个故障,从最小值开始显示。

2)A140E 变速器的故障码

42:1 号车速传感器故障,或线路出现短路、断路。

61:2 号车速传感器故障,或线路出现短路、断路。

62:1 号电磁阀断路,或线路出现短路、断路。

63:2 号电磁阀断路,或线路出现短路、断路。

64:3 号电磁阀断路,或线路出现短路、断路。

在 A341E 和 A342E 变速器中还有以下故障码。

46:4 号车速传感器故障,或线路出现短路、断路。

67:超速挡离合器转速传感器故障,或线路出现短路、断路。

68:换低挡开关短路,或线路短路。

3)注意事项

①如果平时 O/D OFF 灯不闪烁报警,但却有故障码记忆,说明可能存在间歇性

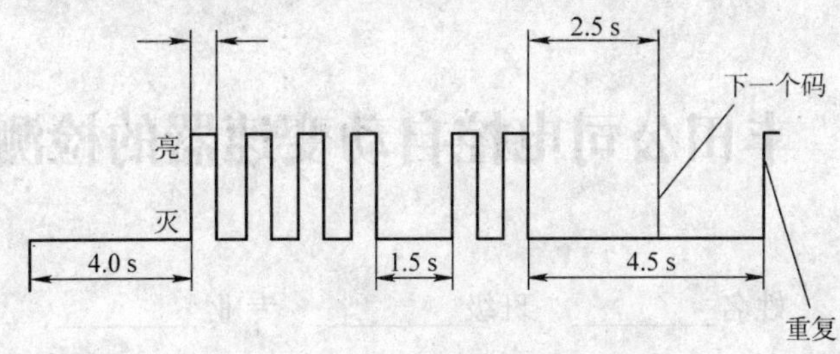

图 12.2 故障码的读取

故障，此时应____。

②如果________________，ECU 不使 O/D OFF 灯闪烁，也不记录 42 和 61 故障码，但车辆只能以 1 挡行车，不能升入高挡。

③62、63、64 故障码仅仅限于电气系统的短路、断路，电磁阀的机械故障如针阀卡死则无法被检测。

4)消除故障码

电器系统的故障排除之后，不能将故障码从存储器中自动清除，必须采取特殊的技术措施清除故障码。清除故障码的方法有以下几种。

①关闭点火开关(OFF)，拔下________________________。(其他：如 A141E 变速器 7.5 A 的 AM2 熔断丝；A341E 变速器 20 A 的 EFI 熔断丝；A43DE 变速器 7.5 A 的 DOME 熔断丝或 15 A 的 ECUB 熔断丝)。

②____________。但这样操作会使其他系统(如发动机)的存储内容也被消除。

③________________________________。

3. 手换挡实验

进行手换挡实验的目的是________________________________。

①在实验前，将________________________断开，使电控系统无法控制换挡过程。注意，如果是发动机与变速器共用 ECU，断开 ECU 线束连接器会使发动机的控制受到影响，此时可以将变速器电磁阀的线束连接器断开。

②进行手换挡行车实验，各换挡手柄位置应该给出的挡位见表 12.1。

表 12.1 手换挡行车各位置的挡位

换挡手柄位置	P	R	D	2	L
传动比	锁止	倒挡	超速挡	3 挡	1 挡

因为实验过程中，电控系统没有参与工作，如果变速器提供的挡位与上表不符，就可以基本认定故障出在变速器的机械部分。

③实验后将 ECU 线束连接器重新连接。

4. 电子控制系统信号检查

电子控制系统信号检查的目的是检查变速器的控制信号是否正常。

1)实验准备

①点火开关处于 ON 位置,但发动机不工作。

②按图 12.3 所示将数字式电压表与检查连接器的 TE_1 与 E_1 端子连接。在以下要进行的信号测试中都要保持这种连接状态。

2)节气门位置传感器的信号检查

①慢慢踩下加速踏板,同时检查电压表读数的变化。

②电压表的读数应该逐渐上升从__________(图 12.4)。

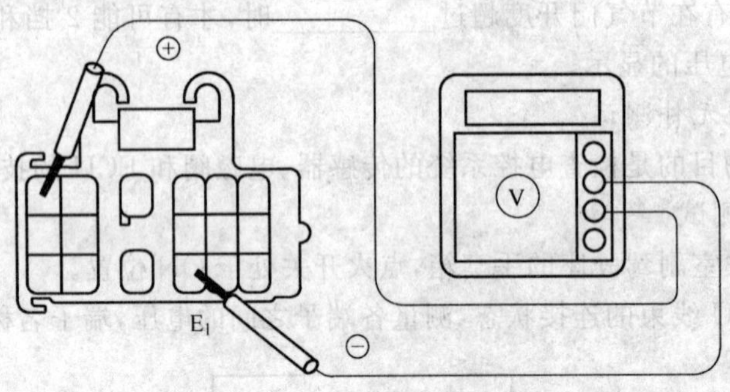

图 12.3　电压表的连接方法

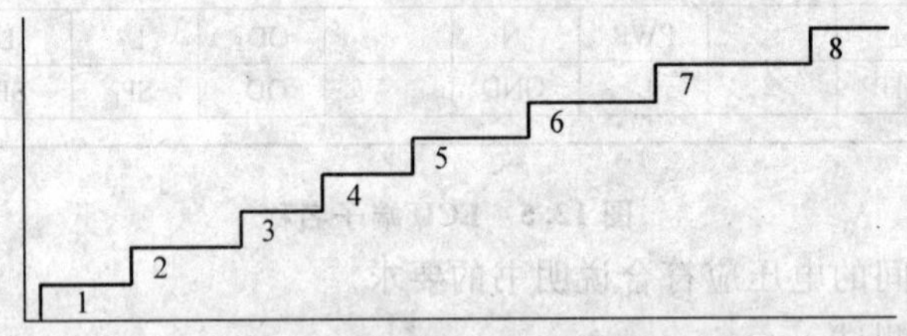

图 12.4　节气门位置传感器的信号

③注意:在测试过程中,不要踩制动踏板,否则电压表的读数始终为__________。

④如果在测试过程中读数始终为__________,可能的原因有:IDL(怠速触点)闭合;制动灯开关闭合;ECU 电源电路有故障;ECU 自身有故障。

3)制动灯开关的信号检查

①踩下加速踏板直至电压表读数为__________,维持加速踏板在此位置不动。

②踩下制动踏板并检查电压表的读数。

③踩下制动踏板时,电压表读数为__________;放松制动踏板时,电压表读数为__________。

④如果读数不符合要求,制动灯开关或线路有故障。

4)换挡过程的信号检查

①起动发动机,预热至规定温度。

②将行驶模式选择开关选定常规(Normal)模式。超速挡开关在 ON 位置,挂 D 挡行车。

③车速超过__________时,检查电压表的读数。

④电压表的读数应符合表 12.2。

表 12.2 换挡过程的电压表读数

电压表读数(v)	0	2	3	4	5	6	7
变速器动作	1 挡	2 挡	2 挡锁止	3 挡	3 挡锁止	4 挡	4 挡锁止

⑤上表数据只有在车速超过________时,才能输出。

⑥在车速较低时,2 挡和 3 挡的锁止状态不容易实现,数据可能按 2 V、4 V、6 V、7 V 变化,只有在节气门开度超过________时,才有可能 2 挡和 3 挡的锁止,出现 3 V 和 5 V 电压的显示。

5. 电控系统元件测试

元件测试的目的是检查电控系统的传感器、电磁阀和 ECU 的技术状况。

1)ECU 的测试

①取下驾驶室副驾驶座的手套箱,点火开关处于 ON 位置。

②保持 ECU 线束的连接状态,测量各端子之间的电压,端子名称见图 12.5。

S_1	S_2	S_L		PWR	N		OD_2	L_1	L_2	L_3	IDL
IG	+B	STP	2	L	GND		OD_1	SP_1	SP_2		DG*

图 12.5 ECU 端子名称

③各端子之间的电压应符合说明书的要求。

2)电磁阀的测试

①将 ECU 上的线束连接脱开。

②测量 S_1、S_2、S_3 端子与搭铁之间的电阻(图 12.6),阻值应为________Ω。

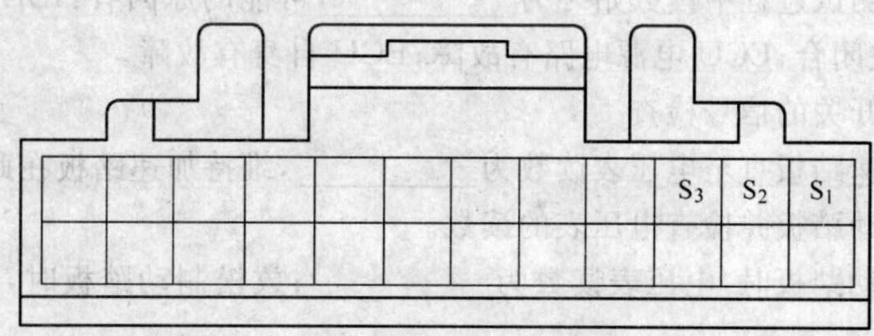

图 12.6 电磁阀端子的测试

③在电磁阀端子加________电压,应能够听到电磁阀工作的________。

④在电磁阀的控制通道施加 490 kPa 的压缩空气,应无泄漏现象;电磁阀通电时,应有空气漏出(图 12.7)。

3)空挡起动开关的测试

检查空挡起动开关各端子的导通情况(图 12.8)。相应数据查阅使用说明书。

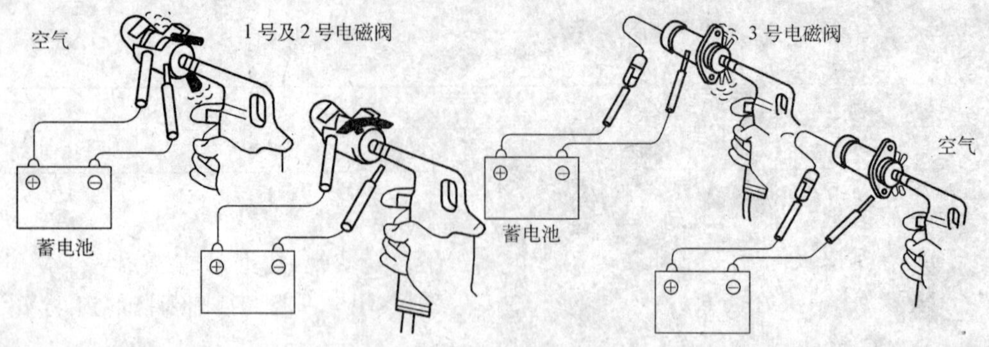

图 12.7　电磁阀密封性的测试

4)节气门位置传感器的测试

测试节气门位置传感器各端子之间的电阻,各端子的名称见图 12.9。相应数据见表 12.3。

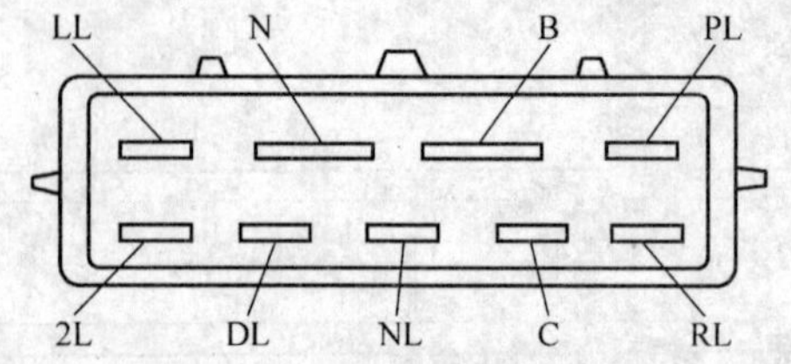

图 12.8　空挡起动开关的端子

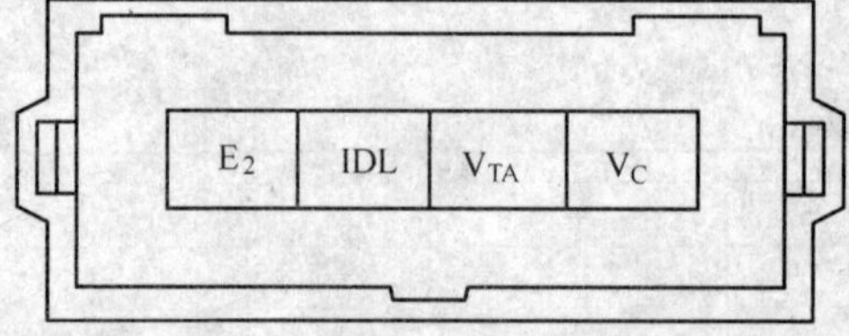

图 12.9　节气门位置传感器的端子

表 12.3　节气门位置传感器各端子的阻值

端子	节气门位置	阻值(Ω)
IDL—E_2	全关	0～100
	开	无限大
V_C—E_2		3 000～7 000
V_{TA}—E_2	全关	200～800
	全开	3 300～10 000

5)1 号车速传感器的测试

①拆出仪表板,在传感器端子之间连接指针式欧姆表。

②转动车速表轴,欧姆表的指针应反复在__________之间摆动。

6)2 号车速传感器的测试

①支起一个前轮,在传感器端子之间连接指针式欧姆表。

②转动车轮,欧姆表的指针应反复在__________之间摆动。

7)行驶模式选择开关的测试

检查各端子之间的导通情况。常规模式时端子 6 和 5 导通,动力模式时端子__________导通。

项目十三　安全气囊系统的结构及工作过程　工作页

姓名________　　班级________　　专业________

一、理论知识

1. 安全气囊系统的基本组成

安全气囊系统主要由________、________、________、电控装置（ECU）等组成，如图 13.1 所示。

2. 安全气囊系统工作原理

当汽车遭受前方一定角度范围内的碰撞时，安装在汽车前部和 SRS ECU 内部的碰撞传感器都会检测到汽车突然减速的信号，并将信号输入 SRS ECU，以便判断是否发生碰撞。当汽车遭受碰撞且______________时，SRS ECU 发出控制指令将气囊组件中的________电路接通，电雷管引爆使________（引药）受热爆炸（即电热处通电发热引爆炸药）。点火剂引爆时，迅速产生大量热量，使________（叠氮化钠固体药片）受热分解并释放出大量________充入气囊，气囊便冲开气囊组件上的装饰盖板鼓向驾驶员和乘员；使驾驶员和乘员面部和胸部压靠在充满气体的气囊上，在人体与车内构件之间铺垫一个气垫，将人体与车内构件之间的碰撞变为弹性碰撞。通过气囊产生变形和排气节流来吸收人体碰撞产生的动能，从而达到保护人体之目的。

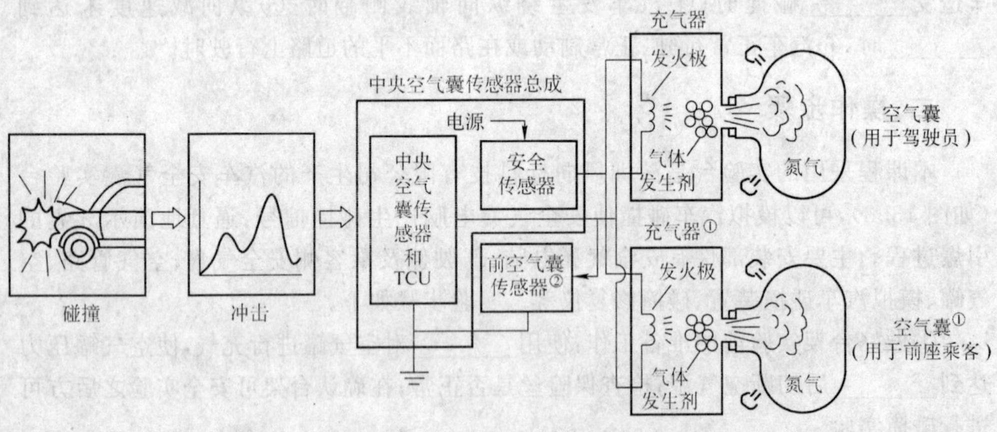

图 13.1　安全气囊结构及工作过程

3. 安全气囊系统的动作过程

图 13.2 所示为奥迪轿车车速为 50 km/h 时与前面障碍物相撞时气囊的引爆过程。

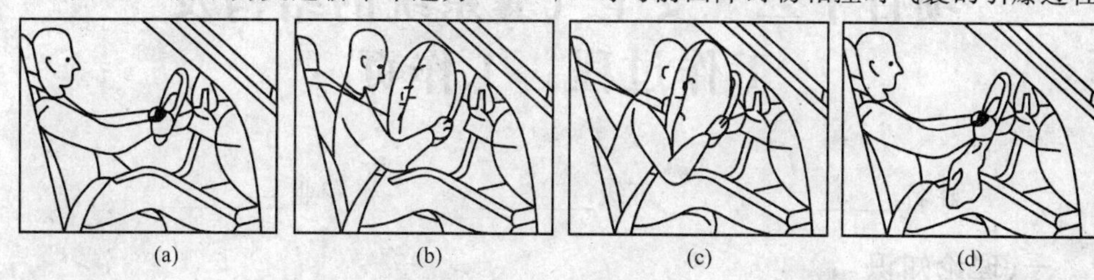

(a) (b) (c) (d)

图 13.2 气囊引爆过程

图 13.2(a)所示，撞车________后，达到引爆系统引爆极限，点火器点燃气体发生器产生氮气，驾驶员仍然直坐着。图 13.2(b)所示，________后，气囊已完全充胀，驾驶员向前移动，安全带斜系在驾驶员身上并被拉长，部分冲击能量已被吸收。

图 13.2(c)所示，________后，驾驶员的头及身体上部沉向气囊，气囊后面的排气孔将氮气在一定压力下匀速逸出。图 13.2(d)所示，________后，驾驶员向后移动回到座椅上，大部分气体从气囊中逸出，前方恢复清晰视野。

由此可见，在安全气囊系统动作过程中，气囊动作时间极短。从开始充气到完全充满的时间约为 30 ms；从汽车受碰撞开始，到安全气囊收缩为止，所用时间极为短暂，仅为________左右，而人的眼皮眨一下所用时间约为 300 ms 左右。

4. 安全气囊系统的有效范围

在下列条件之一的情况下，安全气囊系统不会引爆点火剂，也不会给安全气囊充气：①汽车遭受侧面碰撞超过斜前方________时；②汽车遭受________碰撞时；③汽车遭受________碰撞时；④汽车发生绕纵向轴线侧翻时；⑤纵向减速度未达到________时；⑥汽车正常行驶、正常制动或在路面不平的道路上行驶时。

二、操作步骤

本课程采用的实验台是深圳风向标科技有限公司生产的汽车安全气囊实验台(如图 13.3)，可以模拟汽车碰撞使安全气囊电脑产生碰撞信号，逼真地演示气囊的引爆过程。主要安装部件有安全气囊电脑、驾驶侧及乘客侧安全气囊、空气管路、空气罐、模拟汽车碰撞装置、碰撞修复仪等。实验步骤如下。

①做好台架实验前的准备工作：使用________对空气罐进行充气，使空气罐压力达到________后切断空气源；检查保险丝是否正常；在确认台架可安全实验之后方可进行碰撞实验。

②把点火开关旋至 ON 位置，面板上的气囊指示灯亮了________之后熄灭，说明系统正常，可准备碰撞实验。学员必须由与台架保持________以上距离，执行台架碰撞操作必须由经过培训的专业老师完成。

③操作者需要站在台架正面，用手拉开碰撞实验导轨上的小车(安全气囊电脑安

装在小车上面)，迅速推动小车往导轨端部撞击，即________。安全气囊电脑产生碰撞信号，驾驶侧安全气囊和乘客侧安全气囊迅速充气膨胀，起到保护作用，碰撞后________。

④安全气囊充气膨胀过程完成后会逐渐泄气，若需要再进行碰撞实验必须完成如下工作：把已膨胀后的安全气囊气袋重新塞入固定架内，用随架配送的____________________连接到安装在面板上的诊断座修复安全气囊电脑。具体修复方法请参阅 VW51 产品使用说明书(为了汽车用户的安全，目前所有汽车安全气囊系统部件均为一次性产品，不可重复使用)。这里所说的安全气囊电脑可重复此实验。

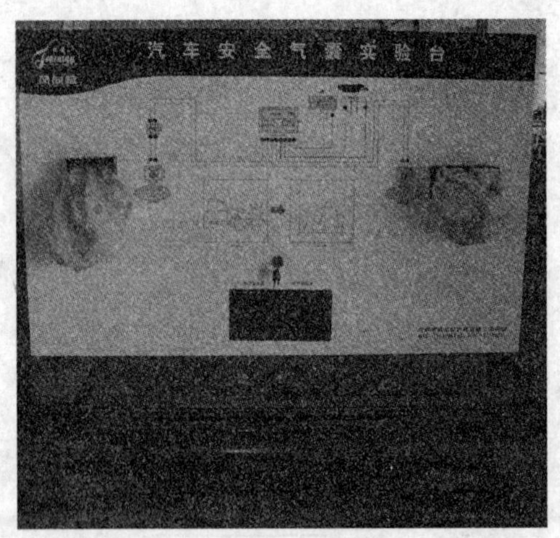

图 13.3　汽车安全气囊实验台

⑤设置故障、排除故障：打开________，将里面的某一个“0/1”开关(预设为“1”位)处在________位置，即完成某一处电路的故障设置功能。故障设置的编号和故障设置的位置参阅施工图的注解；完成故障设置功能后，打开________，将里面对应处“0/1”开关(预设为“0”位)处在“1”位置，即完成对该处电路的故障排除功能。

⑥完成正常使用功能，故障设置、故障排除功能后，关闭点火钥匙，断开示教板电源，泄完气罐压力，恢复故障设置开关即可。

碰撞一次之后，必须对碰撞电脑进行复位，本课程采用大众气囊电脑修复仪(如图 13.4)完成这一操作。操作方法如下。

①____。

②____。

③____。

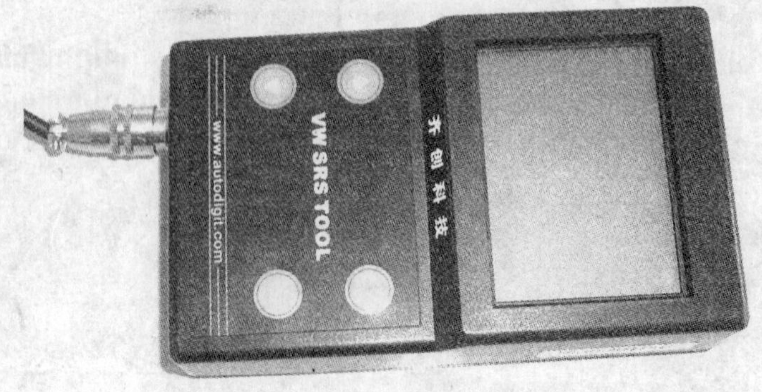

图 13.4　大众气囊电脑修复仪

项目十四　安全气囊系统故障的自诊断与检修　工作页

姓名________　　班级________　　专业________

一、理论知识

电子控制安全气囊系统由以下结构组成。

1. 传感器

2. 安全气囊组件

气囊组件主要由__________、__________、__________、__________和底板组成。驾驶员侧气囊组件位于方向盘中心处,乘客侧气囊组件位于仪表板右侧手套盒的上方。

1)气体发生器

气体发生器又称充气器,用于在点火器引爆点火剂时产生气体向气囊充气,使气囊膨开。气体发生器由上盖、下盖、__________和__________组成,如图 14.1 所示。

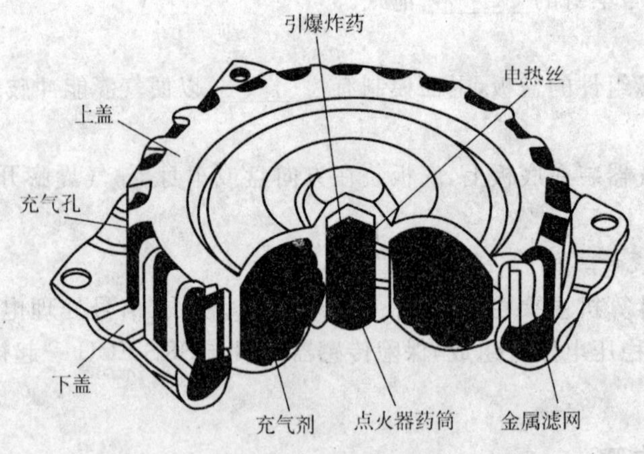

图 14.1　气体发生器

目前,大多数气体发生器都是利用热效反应产生________而充入气囊的。在点火器引爆点火剂的瞬间,点火剂会产生大量热量,________受热立即分解释放氮气,并从充气孔充入气囊。

2)点火器

点火器外包铝箔，安装在气体发生器内部中央位置，其分解图如图 14.2 所示。

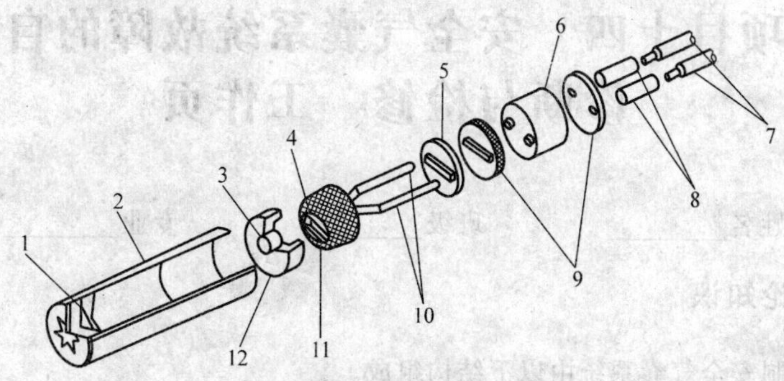

图 14.2　点火器分解图

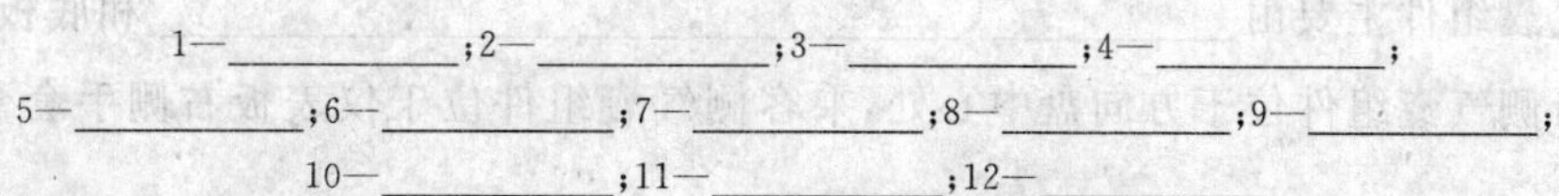

1—__________；2—__________；3—__________；4—__________；

5—__________；6—__________；7—__________；8—__________；9—__________；

10—__________；11—__________；12—__________

3)气囊

由于欧洲车普遍使用安全气囊，所以欧洲汽车多采用________。美国汽车则针对未使用安全带设计，采用了________。驾驶员侧气囊多采用尼龙布涂氯丁橡胶或有机硅制成。橡胶涂层起密封和引燃作用；气囊背面有两个________；乘客侧气囊没有涂层，靠尼龙布本身的________泄气。

4)饰盖

饰盖是气囊组件的盖板，上面模制有________，以便气囊能冲破饰盖膨开。

5)底板

气囊和充气器装在底板上，底板装在方向盘或车身上，气囊膨开时，底板承受气囊的反力。

3. 安全气囊计算机

安全气囊计算机主要由安全气囊(SRS)逻辑模块、信号处理电路、备用电源电路、保护电路和稳压电路等组成，保险传感器一般与 SRS ECU 一起被制作在 SRS 控制组件中。

二、操作步骤

本课程以丰田凌志车系为例，讲解系统的故障自诊断以及检查。

1. 故障自诊断系统

1)故障码的读取

丰田汽车安全气囊系统的故障码，可用一根跨接线跨接诊断连接器上的________两个端子，通过仪表板上的 SRS 提示灯闪烁规律读取。

①检查 SRS 提示灯。将点火开关转到________位置，如 SRS 提示灯亮 6 s 后熄灭，说明 SRS 提示灯及其线路正常，可以读取故障码。若 SRS 提示灯不亮，说明指示灯或其线路有故障，应检修后才能读取故障码。

②____。

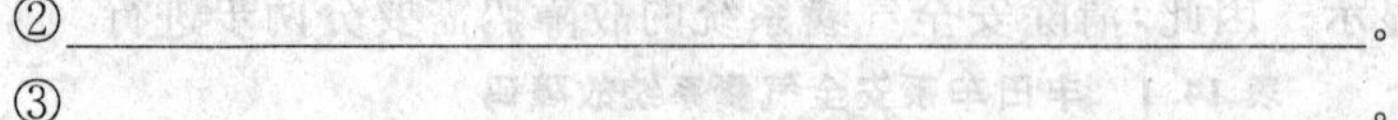

③____。

④根据仪表板上的 SRS 提示灯闪烁情况读取故障码，故障码的闪烁规律如图 14.3 所示。

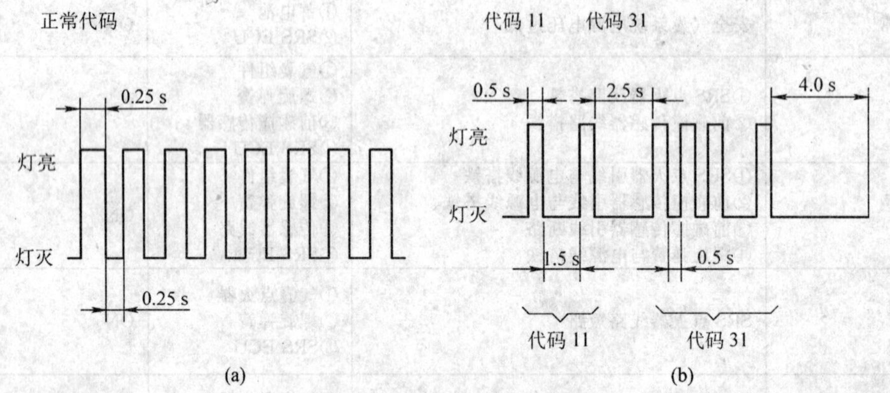

图 14.3　故障码的闪烁

(a) 正常码；(b) 故障码

若安全气囊系统功能正常，则仪表板上的 SRS 提示灯____闪烁两次，每次灯亮与灯灭时间均为____，高电平时灯亮，低电平时灯灭；若安全气囊系统有故障，SRS 提示灯闪烁显示故障码，故障码为两位数字，SRS 提示灯先显示十位数字，后显示个位数字。同一数字灯亮与灯灭时间均为____，十位数字与个位数字之间间隔为____。若有多个故障码，则故障码与故障码之间间隔____，并按由小到大的顺序显示故障码。故障代码全部输出后，间隔 4 s 再重复显示。

当点火开关接通 ON 或 ACC 位置后，SRS 提示灯一直亮，读取故障码时显示代码又正常，说明蓄电池电压过低或 SRS ECU 的备用电源电压过低。SRS ECU 设计时未将此故障编成代码存入存储器。当电源电压恢复正常后约____，SRS 提示灯自动熄灭。当 SRS 提示灯线路断路时不能显示故障码，所以在断路故障排除之前，SRS 提示灯无法显示故障码。当安全气囊系统发生故障时，SRS ECU 将故障编成代码________存入存储器中。如果 SRS 提示灯显示出表 14.1 的代码，说明 SRS ECU 有故障。

当排除故障代码 11 至 31 代表的故障并清除故障码后，SRS ECU 将把代码 41 存入存储器，SRS 提示灯将一直发亮，直到代码____被清除为止。

2)故障码表

故障码见表 14.1。

3)清除故障码

每当排除故障后，必须清除故障码，并在清除故障码之后，再次读取故障码，确认

故障码已经全部清除。安全气囊系统故障码的清除方法与其他电控系统故障码的清除方法有所不同。当故障码 11 至 31 代表的故障被排除并清除故障码之后，SRS ECU 将代码 41 存入存储器中，使 SRS 提示灯一直发亮，直到代码 41 被清除后，SRS 提示灯才恢复正常显示。因此，清除安全气囊系统的故障码需要分两步进行。

表 14.1 丰田车系安全气囊系统故障码

故障码	故障原因	故障部位	提示灯状态
正常	安全气囊系统正常		OFF
正常	安全气囊系统电源电压过低	①蓄电池 ②SRS ECU	ON
11	①SRS 点火器线路搭铁 ②前碰撞传感器线路搭铁	①气囊组件 ②螺旋弹簧 ③前碰撞传感器 ④SRS ECU	ON
12	①SRS 点火器引线与电源线搭铁 ②前碰撞传感器引线与电源线搭铁 ③前碰撞传感器引线断路 ④螺旋弹簧与电源线搭铁	①气囊组件 ②螺旋弹簧 ③传感器线路 ④SRS ECU	ON
13	SRS 点火器线路短路	①气囊点火器 ②螺旋弹簧 ③SRS ECU	ON
14	SRS 点火器线路断路	①气囊点火器 ②螺旋弹簧 ③SRS ECU	ON
15	前碰撞传感器线路断路	①气囊系统线束 ②前碰撞传感器 ③SRS ECU	ON
22	SRS 提示灯线路断路	①气囊系统线束 ②SRS 提示灯 ③SRS ECU	ON
31	①SRS 备用电源失效 ②SRS ECU 故障	SRS ECU	ON
41	SRS ECU 曾记忆过故障码	SRS ECU	ON

第一步____________________，第二步____________________。

1)清除代码 41 以外的故障码

____。

2) 清除代码 41 以外的故障码注意事项

在清除故障码后接上蓄电池负极电缆时，必须________________。若点火开关处于接通状态，会导致诊断系统工作失常。拆卸蓄电池负极电缆清除故障码之前，应先将________________系统的密码记录下来。否则，蓄电池负极电缆端子拆下后，音响和防盗等系统及时钟存储的内容将会丢失。

3)清除代码 41

安全气囊系统的代码 41 必须采用________________才能清除：取两根跨接线，

将其分别与 TDCL 诊断连接器的____________端子连接；接通点火开关并等待____________以上。

①将连接 T_c 端子的跨接线端子搭铁，维持搭铁约____________s，然后离开搭铁部位，并在端子离开搭铁部位后____内，将连接 AB 端子的跨接线端子搭铁______s；②将 AB 端子离开搭铁部位之前____s 内，将 T_c 端子第二次搭铁______s；③将 T_c 端子第二次离开搭铁部位之后____s 内，将 AB 端子第二次搭铁______s；④将 AB 端子第二次离开搭铁部位之前 0.2 s 内，将端子 T_c 第三次搭铁；⑤将 Tc 端子第三次搭铁____s 内，将 AB 端子离开搭铁部位，并将 T_c 端子保持搭铁、AB 端子保持离开搭铁部位，直到数秒钟之后，SRS 提示灯以亮____ms、灭____ms 的闪烁周期闪烁时，代码 41 即被清除，此时再将 T_c 端子离开搭铁部位

(4)清除代码 41 的注意事项

清除代码 41 时，必须按照上述规定的时间间隔进行操作，才能清除代码 41，否则当时间间隔超出规定时，代码 41 就不能清除。上述方法在清除代码 41 的同时，其他故障代码也将立即被清除。因此，只有在______________________才能进行清除代码 41 的操作。

2. 安全气囊系统检查

①在检查与排除安全气囊系统故障时，必须在拆下蓄电池负极电缆之前，读出故障代码。

②检查工作务必在关闭点火开关、并将蓄电池负极电缆拆下____或更长一段时间后进行。在检查工作开始之前，应通知用户将音响、防盗系统的____________。当检查工作结束之后，再由维修人员或用户重新设置密码和有关内容，并调整时钟。

③所有零部件均为______使用部件，如需要更换零部件，应使用新件，并且不允许使用不同型号车辆上的零部件。在检修汽车其他零部件时，如有可能对安全气囊系统的传感器产生冲击，则应在检修工作开始之前，先将____传感器拆下，以防 SRS 误膨开。

当前碰撞传感器、SRS ECU 或 SRS 组件摔碰之后或其壳体、支架、连接器有裂纹时，应换用新件。

前碰撞传感器、SRS ECU 或 SRS 组件不得____。绝对不能检测______的电阻，否则有可能导致气囊引爆。检测其他部件电阻和检测安全气囊系统故障时，必须使用______，即最好使用数字式万用表。如果使用指针式万用表，由于其阻抗小，表内电源的电压加到气囊系统上就有可能引爆气囊。

④当安全气囊系统的检查工作完成之后，必须对______进行检查。

当点火开关转到接通或辅助位置时，SRS 提示灯亮____左右后自动熄灭，说明安全气囊系统正常。

⑤拆卸或搬运 SRS 组件时，______一面应当朝上，不得将 SRS 组件重叠堆放，以防气囊误膨开造成严重事故。

项目十五　电控巡航系统的工作过程、操作以及故障诊断　工作页

姓名________　　班级________　　专业________

一、理论知识

1. 巡航控制系统的功能

巡航控制系统是一种利用电子控制技术保持汽车________________。当汽车在高速公路上长时间行驶时，接通巡航控制主开关，设定希望的车速，巡航控制系统将根据汽车行驶阻力的变化，自动增大或减小节气门开度，使汽车按设定的车速等速行驶，驾驶员不必操纵加速踏板。

2. 巡航控制系统的发展

自 80 年代初开始，数字微型计算机巡航控制系统得到广泛应用。数字微型计算机巡航控制系统的控制过程如图 15.1 所示。

驾驶员操纵巡航控制开关，将车速____等命令输入计算机。当驾驶员通过巡航控制开关输入了设定命令时，计算机便记忆此时车速传感器输入计算机的车速，并按该车速对汽车进行等速行驶控制。

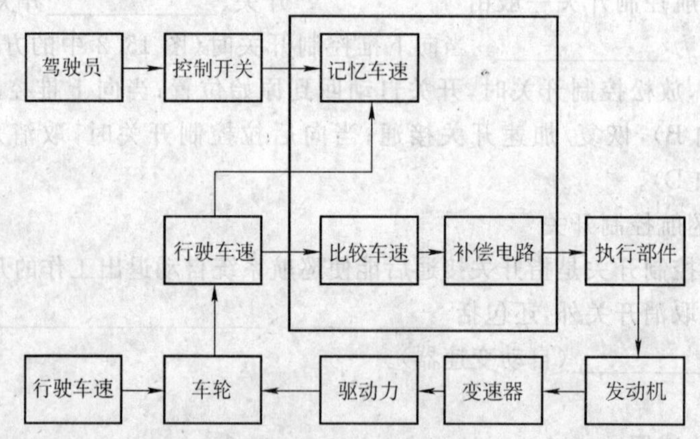

图 15.1　数字微型计算机巡航控制系统的控制过程

3. 巡航控制系统的组成与原理

巡航控制系统由____________________________________等组成。巡航控制开关和传感器将信号送至 ECU，ECU 根据这些信号计算出节气门的合理开度，并给执行器发出信号，调节节气门的开度，保持汽车按设定的车速等速行驶。

1）巡航控制开关

巡航控制开关一般采用手柄式开关,安装于________________,如图 15.2 所示。

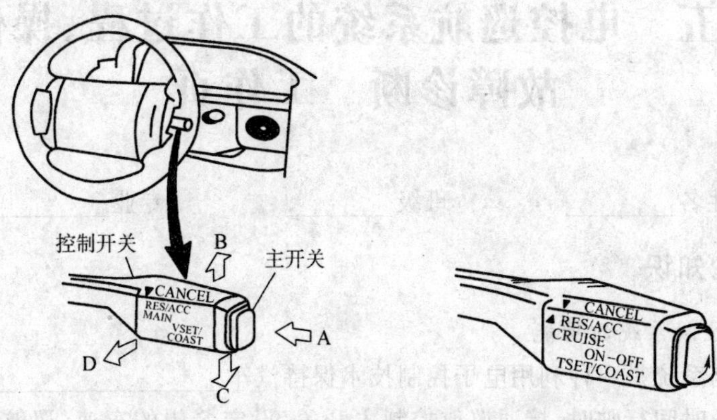

图 15.2　巡航控制开关

也有的采用按键式开关,装在转向盘上。以丰田车系为例,巡航控制开关包括主开关(MAIN)、设定/减速开关(SET/COAST)、恢复/加速开关(RES/ACC)和取消(CANCEL)开关。

(1)主开关

主开关(MAIN)是巡航控制系统的主电源开关,位于__________,为按键式开关,如图 15.2 所示。按下主开关,电源____;再按一次主开关,电源___。

(2)控制开关

手柄式巡航控制开关一般由____________开关、____________开关和取消开关组成。该开关为____________。当向下推控制开关时(图 15.2 中的方向 C),设定/减速开关接通,放松控制开关时,开关自动回到原始位置;当向上推控制开关时(图 15.2 中的方向 B),恢复/加速开关接通;当向后拉控制开关时,取消开关接通(图 15.2 中的方向 D)。

(3)退出巡航控制开关

退出巡航控制开关是指开关接通后能使巡航系统自动退出工作的开关。退出巡航控制开关除取消开关外,还包括____________、____________、____________(手动变速器)和____________(自动变速器)。

2)传感器

(1)车速传感器

车速传感器的类型有电磁式、霍尔式、光电式、舌簧开关式等。车速传感器信号可同时用于______________________________________等。对于巡航控制系统而言,车速传感器信号的作用是巡航控制 ECU 用于__________及将实际车速与设定车速进行比较,以便实现等速控制。

(2)节气门位置传感器

节气门位置传感器信号可同时用于发动机控制、自动变速器控制和巡航控制等。

对于巡航控制系统而言，节气门位置传感器信号的作用是巡航控制 ECU 用于____________________。

3)巡航控制 ECU

巡航控制 ECU 接收来自巡航控制开关、车速传感器信号和其他的开关信号，按照存储的程序对巡航系统进行控制。巡航控制 ECU 有以下控制功能。

(1)____________(2)____________(3)____________

(4)____________(5)____________(6)____________

(7)____________(8)____________(9)____________

(10)____________

4)执行器

巡航控制系统的执行器由 ECU 控制，根据 ECU 的控制信号控制__________的开度，以保持车速恒定。巡航控制系统执行器有真空驱动型执行器。

真空驱动型执行器依靠真空力驱动节气门。真空源有两种取得方式，一种是仅从__________取得；另一种是从____________________取得，如图 15.3 所示。

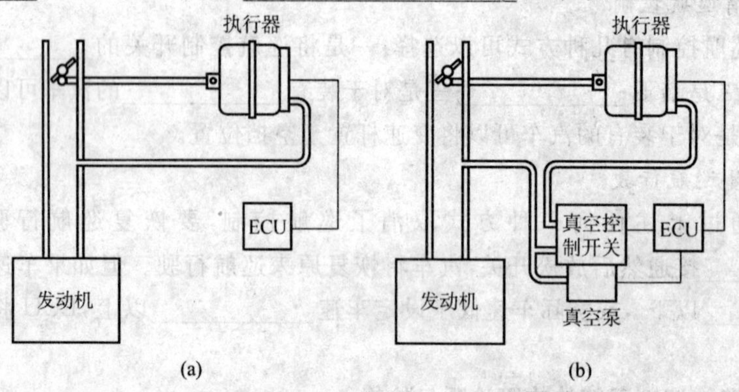

图 15.3　真空驱动型执行器的控制方法

(a)从进气歧管取得真空源；(b)从进气歧管和真空泵取得真空源

二、操作步骤

本课程采用的是凌志轿车，凌志汽车巡航控制系统为数字微型计算机控制型，巡航控制开关为手柄型，执行器为电动机驱动型。

(一)巡航控制系统的使用方法

1. 设定巡航车速

设定巡航车速的方法是：按下__________，踏下加速踏板使汽车加速。当达到__________时(必须高于巡航系统工作时的最低车速)，将巡航控制开关推至设定/减速位置后放松；开关放松时的车速即被巡航控制 ECU 记忆为设定车速，巡航系统开始工作。此时驾驶员可以放松__________，巡航系统控制节气门按设定车速等速行驶。

2. 加速

如果要使巡航设定车速提高，应将巡航控制开关置于________保持不动，汽车将逐渐加速。当汽车加速至所希望的车速时，放松巡航控制开关，汽车将按新的较高的设定车速等速行驶。当汽车巡航行驶时，如果需要使汽车临时加速(如超车)，则只需__________即可加速，放松加速踏板后，汽车仍__________行驶。

3. 减速

如果要使巡航设定车速降低，应将巡航控制开关置于________保持不动，汽车将逐渐减速。当汽车减速至所希望的车速时，放松巡航控制开关，汽车将按新的较低的设定车速等速行驶。

4. 点动升速和点动降速

如果需要对巡航设定车速进行微调时，只要点动一次________(接通恢复/加速开关后立即放松开关，时间不超过________)，巡航设定车速就升高约________；只要点动一次设定/减速开关，车速就降低约____。

5. 取消巡航控制

取消巡航控制有几种方式可以选择：一是将巡航控制开关的____________接通然后释放；二是踏下____________；三是对于装有____________的汽车可以踏下离合器踏板；四是对于装有的汽车可以将变速杆置于空挡位置。

6. 恢复巡航行驶

如果通过上述任何一种方式取消了巡航控制，要恢复巡航行驶，只要将____________接通然后放松开关，汽车将恢复原来巡航行驶。但如果车速已降低至____________以下，或实际车速低于设定车速____________以上，ECU 将不能恢复巡航行驶。

(二) 巡航控制系统的故障诊断与检修

当巡航控制系统发生故障时，首先应进行______。检查巡航控制系统的线束及插接器是否完好，部件是否丢失或损坏等。直观检查后一般应进行________，其内容包括巡航控制系统状态指示的检查、读取故障码、输入信号检查、取消信号检查等。

(三) 故障自诊断

1. 巡航控制系统状态指示的检查

仪表板上的________指示灯的闪烁情况可以指示巡航控制系统的状态。巡航控制系统状态指示的检查步骤如下：

①接通点火开关。

②接通巡航控制主开关，________应点亮；关闭巡航控制主开关，巡航控制指示灯应熄灭。若指示灯不亮，应检查指示灯和指示灯电路。

③如果巡航控制 ECU 诊断出系统有故障时，巡航指示灯将闪烁______次，每次闪烁指示灯亮______，灭______，并且 ECU 将故障码存储在存储器内。

2. 读取故障码

①接通点火开关。

②用跨接线将诊断座 TDCL 的 T_c 与 E_1 跨接。

③根据仪表板上的 CRUISE 指示灯的闪烁情况读取故障码。故障灯电压波形如图 15.4 所示。

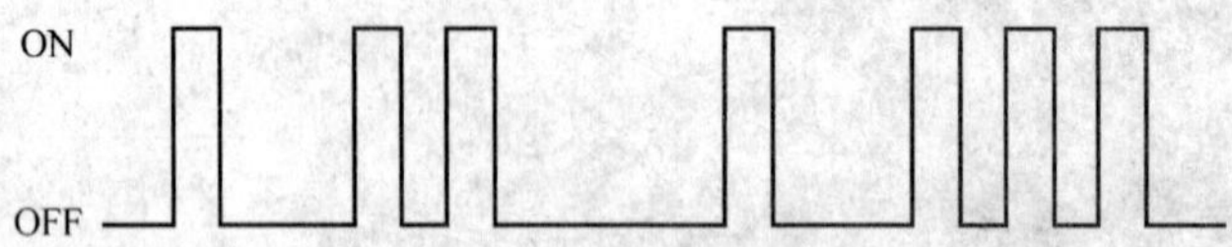

图 15.4　故障灯电压波形

④如果系统没有存储故障码，则巡航指示灯将以点亮____、____熄灭的方式持续闪烁。

⑤完成检查后，拆下 T_c 与 E_1 端子之间的跨接线，关闭点火开关。

3. 清除故障码

排除故障后，关闭点火开关，拆下位于发动机室的____________的“DOME”熔断器____以上，即可清除故障码。装上熔断器，重新读取故障码，应显示正常代码。

项目十二 丰田公司电控自动变速器的检测

第一步:布置任务

一、项目要求

①项目名称:丰田公司电控自动变速器的检测。

②计划课时:15。

③器材及工具准备:

A. 带有 A140E 自动变速器的丰田轿车 2 辆;

B. 汽车专用万用表和指针式万用表各 1 个;

C. 电脑 1 台,投影机以及相应导线插座。

二、教学主要内容及目的

①熟悉常规检查以及故障码的读取方法。

②掌握手换挡实验的操作方法。

③能够对电子控制系统信号进行检查和测试。

④教学过程中注意学生综合素质的提高,特别是学生的创新能力和动手操作能力的培养。

三、相关知识准备

电控自动变速器的故障可能出现在:发动机、变速器控制系统和机械部分。故障诊断的首要任务是确定故障发生在哪一部分,然后用最简单的程序分析故障原因。

四 、操作步骤

1. 常规检查

常规检查的内容与全液压自动变速器基本相同。

2. 读出故障码

丰田公司使用的自动变速器大都安装了检查连接器。检查时只要短接连接器中某些端子便可从故障灯获得有用的信息,以确认电控系统是否出现故障。

1)操作方法

①使点火开关处于 ON 位置,但发动机不启动。超速挡主开关处于 ON 位置,此时开关触点断开,可以升入 O/D 挡,如果自动变速器无故障,仪表板的 O/D OFF 指示灯不亮。

②连接检查连接器的 TE_1 与 E_1 端子(图 12.1)。

③根据“O/D OFF”闪烁的次数确定故障代码。如果系统工作正常，灯以 0.25 s 的间隔均匀闪烁。故障码的读取见项目三。

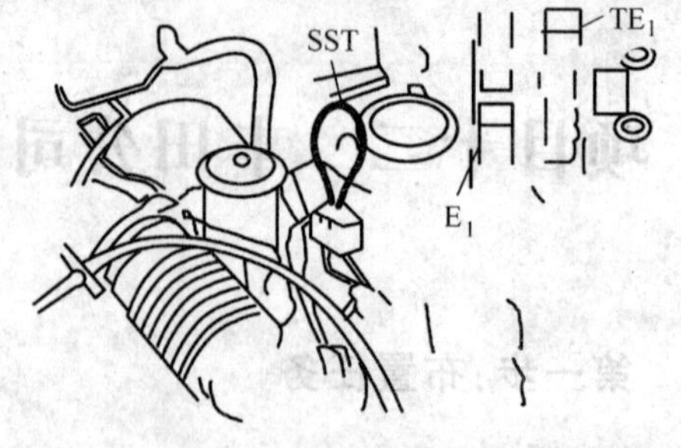

图 12.1　检查连接器 TE_1 与 E_1 端子的连接

2)A140E 变速器的故障码

42:1 号车速传感器故障，或线路出现短路、断路。

61:2 号车速传感器故障，或线路出现短路、断路。

62:1 号电磁阀断路，或线路出现短路、断路。

63:2 号电磁阀断路，或线路出现短路、断路。

64:3 号电磁阀断路，或线路出现短路、断路。

在 A341E 和 A342E 变速器中还有以下故障码。

46:4 号车速传感器故障，或线路出现短路、断路。

67:超速挡离合器转速传感器故障，或线路出现短路、断路。

68:换低挡开关短路，或线路短路。

3)注意事项

①如果平时 O/D OFF 灯不闪烁报警，但却有故障码记忆，说明可能存在间歇性故障，此时应检查与故障码相关的所有线路的连接点是否松动。

②如果 1 号、2 号车速传感器同时出现故障，ECU 不使 O/D OFF 灯闪烁，也不记录 42 和 61 故障码，但车辆只能以 1 挡行车，不能升入高挡。

③62、63、64 故障码仅仅限于电气系统的短路、断路，电磁阀的机械故障(如针阀卡死)则无法检测。

4)消除故障码

电器系统故障排除后，还不能将故障码从存储器中自动清除，而必须采取特殊的技术措施。清除故障码的方法有以下几种。

①关闭点火开关(OFF)，拔下 15 A 的 RADIO Nol 熔断丝 10 s 以上。(其他：如 A141E 变速器 7.5 A 的 AM2 熔断丝；A341E 变速器 20 A 的 EFl 熔断丝；A43DE 变速器 7.5 A 的 DOME 熔断丝或 15 A 的 ECUB 熔断丝)

②取下蓄电池负极引线。但这样操作会使其他系统(如发动机)的存储内容也被消除。

③拔下电控自动变速器(ECT)的 ECU 线束的连接器。

3. 手换挡实验

进行手换挡实验的目的是确认故障发生在机械还是在电器系统。

①在实验前，将 ECT 的 ECU 线束连接器断开，使电控系统无法控制换挡过程。注意，如果是发动机与变速器共用 ECU，断开 ECU 线束连接器会使发动机的控制受到影响，此时可以将变速器电磁阀的线束连接器断开。

②进行手换挡行车实验，各换挡手柄位置给出的挡位见表 12.1。

表 12.1　手换挡行车各位置的挡位

换挡手柄位置	P	R	D	2	L
传动比	锁止	倒挡	超速挡	3 挡	1 挡

因为实验过程中电控系统没有参与工作，如果变速器提供的挡位与上表不符，就可以基本认定故障出在变速器的机械部分。

③实验后将 ECU 线束连接器重新连接好。

4. 电子控制系统信号检查

电子控制系统信号检查的目的是检查变速器的控制信号是否正常。

1)实验准备

①点火开关处于 ON 位置，但发动机不工作。

②按图 12.3 所示将数字式电压表与检查连接器的 TE_1 与 E_1 端子连接。在以下要进行的信号测试中都要保持这种连接状态。

2)节气门位置传感器的信号检查

①慢慢踩下加速踏板，同时检查电压表读数的变化。

②电压表的读数应该逐渐上升(从 0 V 变化到 5 V)(图 12.3)。

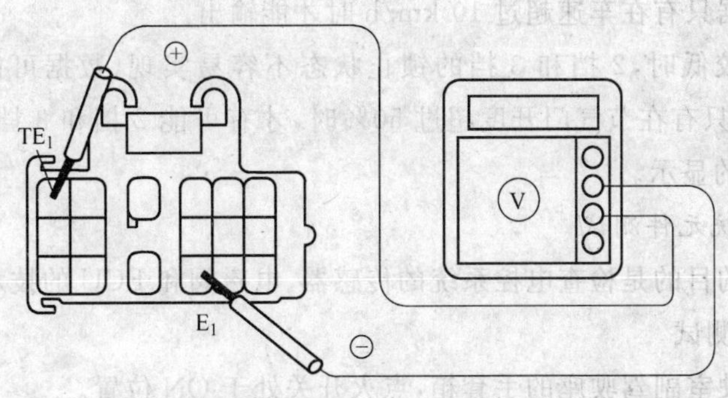

图 12.2　电压表的连接方法

③注意：在测试过程中，不要踩制动踏板，否则电压表的读数始终为 0 V。

④如果在测试过程中读数始终为 0 V，可能的原因有：IDL(怠速触点)闭合，制动灯开关闭合，ECU 电源电路有故障，ECU 自身有故障。

3)制动灯开关的信号检查

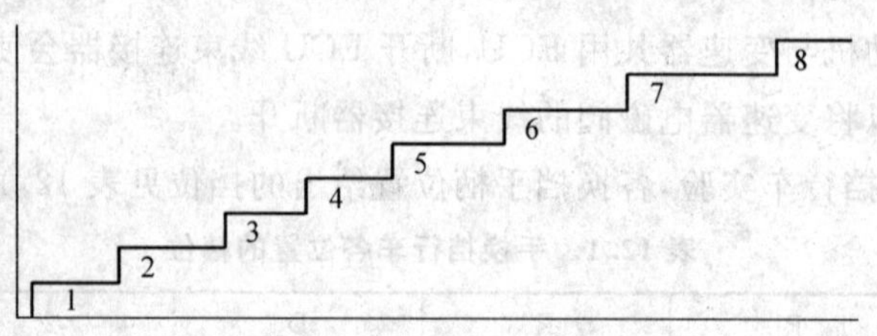

图 12.3　节气门位置传感器的信号

①踩下加速踏板直至电压表读数为 8 V,维持加速踏板在此位置不动。

②踩下制动踏板并检查电压表的读数。

③踩下制动踏板时,电压表读数为 0 V;放松制动踏板时,电压表读数为 8 V。

④如果读数不符合要求,则制动灯开关或线路有故障。

4)换挡过程的信号检查

①启动发动机,预热至规定温度。

②将行驶模式选择开关选定在常规(Normal)模式,超速挡开关在 ON 位置,挂 D 挡行车。

③车速超过 6 km/h 时,检查电压表的读数。

④电压表的读数应符合表 12.2。

表 12.2　换挡过程的电压表读数

电压表读数(V)	0	2	3	4	5	6	7
变速器动作	1 挡	2 挡	2 挡锁止	3 挡	3 挡锁止	4 挡	4 挡锁止

⑤上表数据只有在车速超过 10 km/h 时才能输出。

⑥在车速较低时,2 挡和 3 挡的锁止状态不容易实现,数据可能按 2 V、4 V、6 V、7 V 变化,只有在节气门开度超过 50%时,才有可能 2 挡和 3 挡的锁止,出现 3 V 和 5 V 电压的显示。

5. 电控系统元件测试

元件测试的目的是检查电控系统的传感器、电磁阀和 ECU 的技术状况。

1)ECU 的测试

①取下驾驶室副驾驶座的手套箱,点火开关处于 ON 位置。

②保持 ECU 线束的连接状态,测量各端子之间的电压,端子名称见图 12.4。

③各端子之间的电压应符合说明书的要求。

2)电磁阀的测试

①将 ECU 上的线束连接脱开。

②测量 S_1、S_2、S_3 端子与搭铁之间的电阻(图 12.5),阻值应为 11～15 Ω。

S_1	S_2	S_L		PWR	N		OD_2	L_1	L_2	L_3	IDL
IG	+B	STP	2	L	GND		OD_1	SP_1	SP_2		DG*

图 12.4　ECU 端子名称

									S_3	S_2	S_1

配侧线

图 12.5　电磁阀端子的测试

③在电磁阀端子加 12 V 电压，应能够听到电磁阀工作的咔哒声。

④在电磁阀的控制通道施加 490 kPa 的压缩空气，应无泄漏现象；电磁阀通电时，应有空气漏出（图 12.6）。

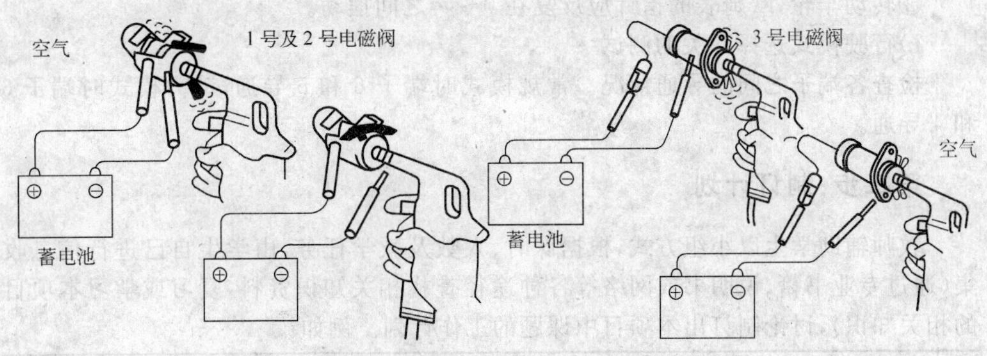

图 12.6　电磁阀密封性的测试

3）空挡起动开关的测试

检查空挡起动开关各端子的导通情况（图 12.7）。相应数据可查阅使用说明书。

4）节气门位置传感器的测试

测试节气门位置传感器各端子之间的电阻，各端子的名称见图 12.8。正常情况下各相应数据如表 12.3 所示。

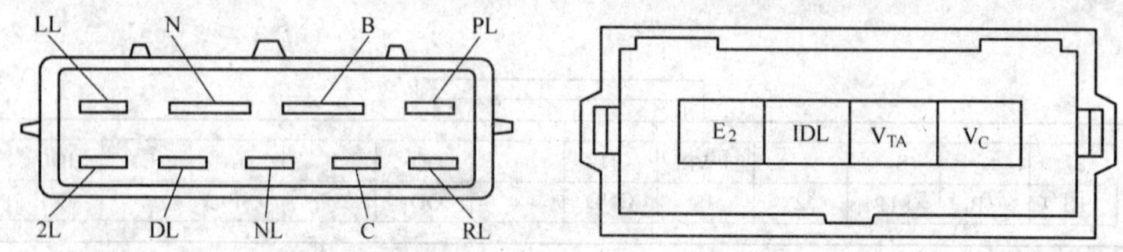

图 12.7　空挡起动开关的端子　　　　**图 12.8　节气门位置传感器的端子**

表 12.3　节气门位置传感器各端子的阻值

端子	节气门位置	阻值(Ω)
IDL—E_2	全关	0～100
	开	无限大
V_C—E_2		3 000～7 000
V_{TA}—E_2	全关	200～800
	全开	3 300～10 000

5)1 号车速传感器的测试

①拆出仪表板,在传感器端子之间连接指针式欧姆表。

②转动车速表轴,欧姆表的指针应反复在 0～∞之间摆动。

6)2 号车速传感器的测试

①支起一个前轮,在传感器端子之间连接指针式欧姆表。

②转动车轮,欧姆表的指针应反复在 0～∞之间摆动。

7)行驶模式选择开关的测试

检查各端子之间的导通情况。常规模式时端子 6 和 5 导通,动力模式时端子 6 和 4 导通。

第二步:制订计划

教师辅助学生以小组方式,根据课时、人数及教学任务,由学生自己进行信息收集(通过专业书籍、说明书或网络等各种途径查找相关知识资料,复习或学习本项目的相关知识),讨论制订出本项目中课题的工作计划。例如:

<table>
<tr><td rowspan="2">受众分析</td><td>年级</td><td>三年级一学期</td><td>专业</td><td>汽车制造与装配</td><td>人数</td><td>30 人/班</td></tr>
<tr><td>学生知识结构</td><td colspan="5">①有一定的逻辑思维能力;
②具有自学能力;
③掌握了空气供给系统检测的安全操作规程及注意事项;
④掌握了空气供给系统的相关理论知识;
⑤会使用常规的操作工具</td></tr>
<tr><td rowspan="4">制订计划</td><td rowspan="4">教师布置
课题分组</td><td>组别</td><td>课　题</td><td>课时</td><td>人数</td><td>组长</td></tr>
<tr><td>1</td><td>读取故障码</td><td>5</td><td>10</td><td></td></tr>
<tr><td>2</td><td>手换挡实验</td><td>5</td><td>10</td><td></td></tr>
<tr><td>3</td><td>电子控制系统信号的检查与测试</td><td>5</td><td>10</td><td></td></tr>
</table>

续表

<table>
<tr><td rowspan="6">制订计划</td><td>学生计划</td><td>学生根据本项目及组别的课题安排及实训设备情况进行信息收集，制订工作计划。例如：
①根据项目要求写出整个操作过程的先后步骤；（可在实训课前完成）
②根据项目制订所需的工具计划；
③写出组内分工计划，或轮岗计划</td></tr>
<tr><td>学生展示</td><td>每组学生选派一人讲解本组计划，其他组提出不同见解。每组重新修订计划，定稿后交给教师评价（此项可在课前学生自行完成，也可由教师组织完成。）</td></tr>
<tr><td>教师辅助</td><td>教师评价各个计划的可实施性，对于不可实施的，老师提出意见，由学生进行修改。再评价再修改直到可实施</td></tr>
<tr><td>实操指导</td><td>学生根据自己的计划进行工作，教师观察其操作情况并做指导，以及时纠正错误。根据各组的不同情况有针对性地做进一步讲解</td></tr>
<tr><td>岗位轮换</td><td>教师控制整个项目的课时，每组课时结束进行课题轮换</td></tr>
<tr><td>备注</td><td></td></tr>
</table>

第三步：实施课题任务

学生根据计划完成自己的任务，教师观看、指导。

第一组：读取故障码。

操作步骤如下。

①使点火开关处于 ON 位置，但发动机不起动。超速挡主开关处于 ON 位置，此时开关触点断开，可以升入 OD 挡，正常时仪表板的 O/D OFF 灯不亮。

②连接检查连接器的 TE_1 与 E_1 端子。

③根据“O/D OFF”闪烁的次数确定故障代码。

第二组：手换挡实验。

操作步骤如下。

①在实验前，将 ECT 的 ECU 线束连接器断开，使电控系统无法控制换挡过程。

②进行手换挡行车实验。

③实验后将 ECU 线束连接器重新连接。

第三组：电子控制系统信号的检查与测试。

操作步骤如下。

1. 电控系统信号的检查

①做好实验准备。

②检查节气门位置传感器的信号。

③检查制动灯开关的信号。

④检查换挡过程的信号。

2. 电控系统元件的测试

①测试 ECU。

②测试电磁阀。

③测试空挡起动开关。

④测试节气门位置传感器。

⑤测试 1 号车速传感器。

⑥测试 2 号车速传感器。

⑦测试行驶模式选择开关,检查各端子之间的导通情况。

第四步:检查实训过程

①教师根据实训内容进行演示教学或者操作步骤讲解。学生进行实践操作时,教师巡视检查学生操作情况,及时指出学生的错误操作或注意事项。

②学生在操作时,同组成员观察操作情况并互相提醒,操作的学生可随时查看工作计划或工作页,做到自我检查,保证操作的规范性和准确性。

③学生计划完成后,首先进行自检,小组成员对本次任务进行评价;然后教师检查学生的完成效果。

第五步:评价总结

一、自我评价

学生自我评价,同时与组内同学讨论,交流心得。

二、课题考核

1. 考核要求

①按正确的操作步骤进行检测。

②操作时应能进行相应的讲解,报出所进行的项目和测量的结果。

2. 考核时间

60 min。

实训考核(60 min)

序号	考核内容	配分	评分标准	考核记录	扣分	得分
1	读取故障码的方法	15	酌情扣分			
2	清除故障码的方法	10	酌情扣分			
3	手换挡实验	25	酌情扣分			
4	电控信号的检查	25	酌情扣分			
5	电控系统元件的测试	25	酌情扣分			
6	合计	100				

项目十三　安全气囊系统的结构及工作过程

第一步:布置任务

一、项目要求

①项目名称:安全气囊系统的结构及工作过程。

②计划课时:10。

③器材及工具准备:

A. 汽车安全气囊实验台2台;

B. 电脑主机以及投影仪;

C. 大众气囊电脑修复仪1台;

D. 空气压缩机1台。

二、教学主要内容及目的

①了解安全气囊系统的发展及应用分类情况。

②知道安全气囊系统的基本组成及各组成部分的工作原理。

③知道安全气囊系统是如何被触发的。

④可以在安全气囊实验台上正确地演示气囊的被触发过程。

三、相关知识准备

安全气囊系统(Supplemental Restraint System,SRS),也称辅助乘员保护系统。它是一种当汽车遇到冲撞而急剧减速时能很快膨胀的缓冲垫,可以保护车内乘员不致撞到车厢内部,是一种被动安全装置,具有不受约束、使用方便和美观等优点。近年来随着世界汽车市场的竞争愈演愈烈,以及安全气囊制造成本的降低,以往只在高档轿车作为选装件的安全气囊,现已逐步发展到作为标准件安装到一些小型、紧凑型轿车上。

1. 安全气囊系统的基本组成

安全气囊系统主要由传感器、气囊组件、气体发生器、电控装置(ECU)等组成,如图13.1所示。

2. 安全气囊系统工作原理

当汽车遭受前方一定角度范围内的碰撞时,安装在汽车前部和SRS ECU内部的碰撞传感器都会检测到汽车突然减速的信号,并将信号输入SRS ECU。当汽车遭受碰撞且减速度达到设定值时,SRS ECU发出控制指令将气囊组件中的点火器(电雷管)电路接通,电雷管引爆使点火剂(引药)受热爆炸迅速产生大量热量,使充气剂(叠氮化钠固体药片)受热分解并释放出大量氮气充入气囊,气囊便冲开气囊组件上

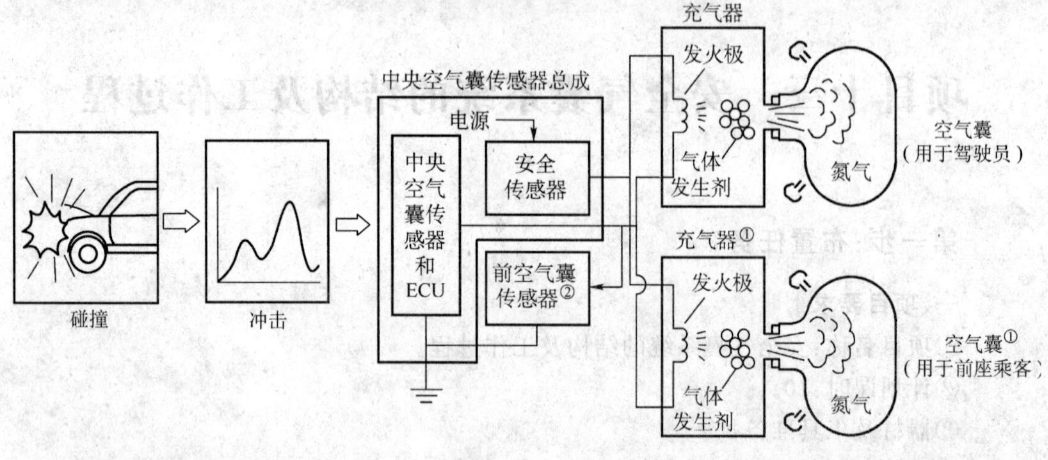

图 13.1　安全气囊结构及工作过程

的装饰盖板鼓向驾驶员和乘员，从而将人体与车内构件隔开，亦即将人体与车内构件之间的碰撞变为弹性碰撞。通过气囊产生变形和排气节流来吸收人体碰撞产生的动能，从而达到保护人体之目的。

3. 安全气囊系统的动作过程

图 13.2 所示为奥迪轿车车速为 50 km/h 时与前面障碍物相撞时气囊的引爆过程。

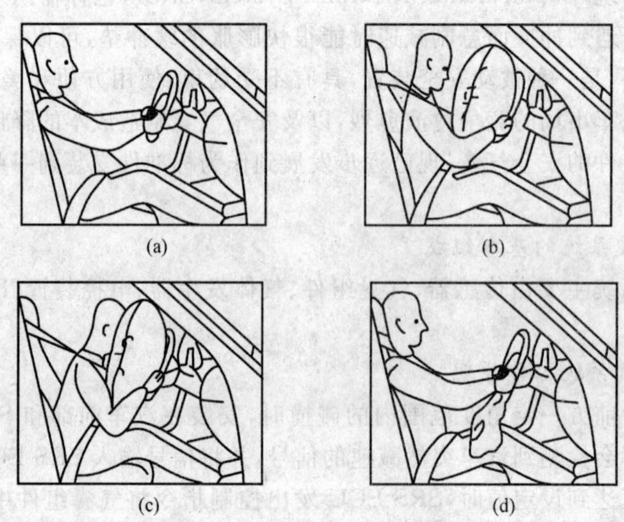

图 13.2　气囊引爆过程

图 13.2(a)所示为撞车 10 ms 后，达到引爆系统引爆极限，点火器点燃气体发生器产生氮气，驾驶员仍然直坐着。图 13.2(b)所示为 40 ms 后，气囊已完全充胀，驾驶员向前移动，安全带斜系在驾驶员身上并被拉长，部分冲击能量已被吸收。

图 13.2(c)所示为 80 ms 后，驾驶员的头及身体上部撞向气囊，气囊后面的排气孔将氮气在一定压力下匀速逸出。图 13.2(d)所示为 110 ms 后，驾驶员向后移动回到座椅上，大部分气体从气囊中逸出，前方恢复清晰视野。

由此可见，在安全气囊系统动作过程中，气囊动作时间极短。从开始充气到完全充满约为 30 ms；从汽车受碰撞到安全气囊收缩所用时间仅为 120 ms 左右，而人的眼皮眨一下所用时间约为 300 ms。

4. 安全气囊系统的有效范围

汽车安全气囊系统并非在所有碰撞情况下都能起作用。正面安全气囊系统在汽车前方±30°角(如图 13.3 所示)范围内发生碰撞且其纵向减速度达到某一值(减速度阈值)时，才能引爆点火剂使充气剂受热分解给正面安全气囊充气。在下列条件之一的情况下，安全气囊系统不会引爆点火剂，也不会给安全气囊充气：①汽车遭受侧面碰撞超过斜前方 30°角时；②汽车遭受横向碰撞时；③汽车遭受后方碰撞时；④汽车发生绕纵向轴线侧翻时；⑤纵向减速度未达到设定阈值时；⑥汽车正常行驶、正常制动或在路面不平的道路上行驶时。

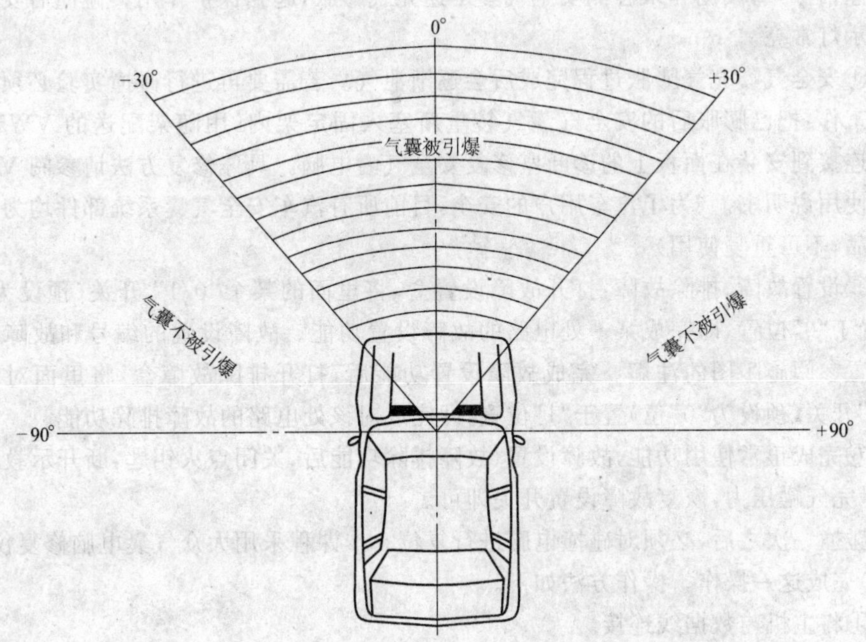

图 13.3 正面碰撞时安全气囊的有效范围

四、操作步骤

本课程采用的实验台是深圳风向标科技有限公司生产的汽车安全气囊实验台（如图13.4），可以模拟汽车碰撞使安全气囊电脑产生碰撞信号，逼真地演示气囊的引爆过程。主要部件有安全气囊电脑、驾驶侧及乘客侧安全气囊、空气管路、空气罐、模拟汽车碰撞装置、碰撞修复仪等。实验步骤如下。

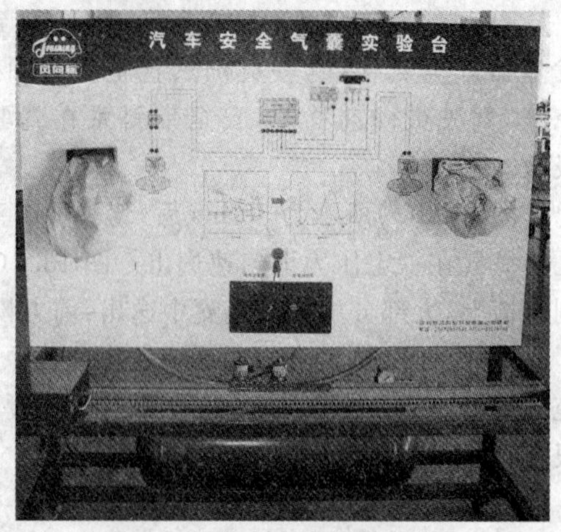

图13.4 汽车安全气囊实验台

①做好台架实验前的准备工作：用空气压缩机对空气罐进行充气，压力达到8～10 kgf/cm^2 后切断空气源；检查保险丝是否正常；在确认台架可安全实验之后方可进行碰撞实验。

②把点火开关旋至ON位置，面板上的气囊指示灯亮3 s后熄灭，说明系统正常，可准备碰撞实验。学员必须与台架保持2 m以上距离，执行台架碰撞操作必须由经过培训的专业老师完成。

③操作者需要站在台架正面，用手拉开碰撞实验导轨上的小车（安全气囊电脑安装在小车上面），迅速推动小车往导轨端部撞击，即汽车发生碰撞。安全气囊电脑产生碰撞信号，驾驶侧和乘客侧安全气囊迅速充气膨胀，起到保护作用。碰撞后安全气囊指示灯常亮。

④安全气囊充气膨胀过程完成后会逐渐泄气。若需要再进行碰撞实验必须完成如下工作：把已膨胀后的安全气囊气袋重新塞入固定架内，用随架配送的VW51修复仪连接到安装在面板上的诊断座修复安全气囊电脑。具体修复方法请参阅VW51产品使用说明书。（为了汽车用户的安全，目前所有汽车安全气囊系统部件均为一次性产品，不可重复使用）

⑤设置故障、排除故障：打开故障设置盒，将里面的某个“0/1”开关（预设为“1”位）置于“0”位置，即完成某一处电路的故障设置功能。故障设置的编号和故障设置的位置参阅施工图的注解。完成故障设置功能后，打开排除故障盒，将里面对应处“0/1”开关（预设为“0”位）置于“1”位置，即完成对该处电路的故障排除功能。

⑥完成正常使用功能，故障设置、故障排除功能后，关闭点火钥匙，断开示教板电源，泄完气罐压力，恢复故障设置开关即可。

碰撞一次之后，必须对碰撞电脑进行复位。本课程采用大众气囊电脑修复仪（图13.5）完成这一操作。操作方法如下。

①将主机与数据线连接。

②将OBD—2接头与诊断座连接或者使用附加线直接与电脑连接，外加12 V电源。

③按照仪器显示操作。（注意选择VW5型号）

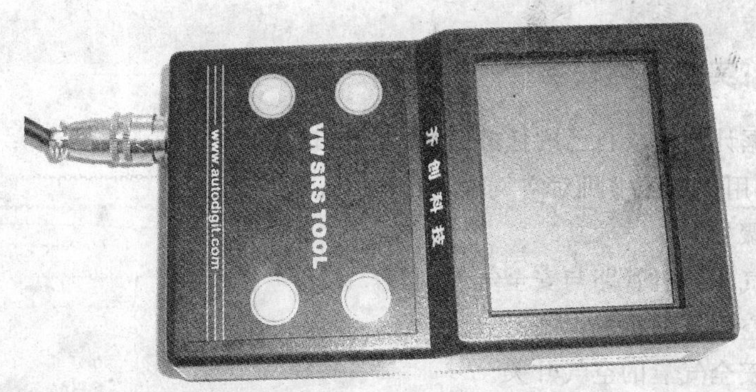

图 13.5　大众气囊电脑修复仪

第二步:制订计划

教师辅助学生以小组方式,根据课时、人数及教学任务,由学生自己进行信息收集(通过专业书籍、说明书或网络等各种途径查找相关知识资料,复习或学习本项目的相关知识),讨论制订出本项目中课题的工作计划。例如:

<table>
<tr><td rowspan="2">受众分析</td><td>年级</td><td>三年级一学期</td><td>专业</td><td>汽车制造与装配</td><td>人数</td><td>30 人/班</td></tr>
<tr><td>学生知识结构</td><td colspan="5">①有一定的逻辑思维能力;
②具有自学能力;
③掌握了安全气囊系统实验台操作规程及注意事项;
④掌握了安全气囊系统结构及工作过程的相关理论知识;
⑤会使用常规的操作工具</td></tr>
<tr><td rowspan="10">制订计划</td><td rowspan="4">教师布置课题分组</td><td>组别</td><td>课题</td><td>课时</td><td>人数</td><td>组长</td></tr>
<tr><td>1</td><td>用空气压缩机对空气罐进行充气</td><td>2</td><td>10</td><td></td></tr>
<tr><td>2</td><td>碰撞实验</td><td>4</td><td>10</td><td></td></tr>
<tr><td>3</td><td>碰撞电脑的复位</td><td>4</td><td>10</td><td></td></tr>
<tr><td>学生计划</td><td colspan="5">学生根据本项目及组别的课题安排及实训设备情况进行信息收集,制订工作计划。例如:
①根据项目要求写出整个操作过程的步骤;(可在实训课前完成)
②根据项目制订所需工具计划;
③写出组内分工计划,或轮岗计划</td></tr>
<tr><td>学生展示</td><td colspan="5">每组学生选派一人讲解本组计划,其他组提出不同见解。每组重新修订计划,定稿后交给教师评价(可在课前学生自行完成,也可由教师组织完成。)</td></tr>
<tr><td>教师辅助</td><td colspan="5">教师评价各个计划的可实施性,对于不可实施的,教师提出意见,由学生进行修改。再评价、再修改直到可实施</td></tr>
<tr><td>实操指导</td><td colspan="5">学生根据自己的计划进行工作,教师观察其操作情况并做指导,及时纠正错误的操作。根据各组的不同情况有针对性地做进一步讲解</td></tr>
<tr><td>岗位轮换</td><td colspan="5">教师控制整个项目的课时,每组课时结束进行课题轮换</td></tr>
<tr><td>备注</td><td colspan="5"></td></tr>
</table>

第三步:实施课题任务

学生根据计划完成自己的任务,教师观看、指导。

第一组:用空气压缩机对空气罐进行充气。

操作步骤如下。

①将空气压缩机管路与安全气囊相连。

②合上空气压缩机的电闸。

③打开安全气囊的空气开关。

④使用空气压缩机对空气罐进行充气,当空气罐压力达到 8～10 kgf/cm^2 后切断气源。

第二组:碰撞实验。

操作步骤如下。

①操作者站在台架正面,用手拉开碰撞实验导轨上的小车(安全气囊电脑安装在小车上面),迅速推动小车往导轨端部撞击,即汽车发生碰撞。

②安全气囊充气膨胀过程完成后会逐渐泄气,把已泄完气的安全气囊重新塞入固定架内。

③设置故障、排除故障:打开故障设置盒,将里面的某一个"0/1"开关(预设为"1"位)置于"0"位,即完成某一处电路的故障设置功能。完成故障设置功能后,打开排除故障盒,将里面对应处"0/1"开关(预设为"0"位)置于"1"位,即完成对该处电路的故障排除功能。

④完成正常使用功能,故障设置、故障排除功能后,关闭点火钥匙,断开示教板电源,泄完气罐压力,恢复故障设置开关。

第三组:碰撞电脑的复位。

操作步骤如下。

①将主机与数据线连接。

②将 OBD—2 接头与诊断座连接或者使用附加线直接与电脑连接,外加 12 V 电源。

③按照仪器显示操作。(注意选择 VW5 型号)

第四步:检查实训过程

①教师根据实训内容进行演示教学或操作步骤讲解。学生进行实践操作时,教师巡视检查学生操作情况,及时指出学生的错误操作或注意事项。

②学生在操作时,同组成员观察操作情况并互相提醒,操作的学生可随时查看工作计划或工作页,做到自我检查,保证操作的规范性和准确性。

③学生计划完成后,首先要进行自检,小组成员对本次任务进行评价;然后教师

检查学生的完成效果。

第五步:评价总结

一、自我评价

学生自我评价,同时与组内同学讨论,交流心得。

二、课题考核

1. 考核要求

①按正确的操作步骤进行检测。

②操作时应能进行相应的讲解,报出所进行的项目和测量的结果。

2. 考核时间

90 min。

1)实训考核(45 min)

序号	考核内容	配分	评分标准	考核记录	扣分	得分
1	将空气罐充气	15	每个5分			
2	检查系统是否正常	15	每个5分			
3	模拟汽车碰撞	30	酌情扣分			
4	修复安全气囊电脑	15	酌情扣分			
5	设置故障、排除故障码	15	酌情扣分			
6	恢复正常	10	每个5分			
7	合计	100				

2)理论考核(45 min)

序号	考核内容	配分	评分标准	考核记录	扣分	得分
1	安全气囊系统的作用	20	每个作用5分			
2	安全气囊系统的分类	15	每个5分			
3	安全气囊系统的有效范围	30	酌情扣分			
4	安全气囊系统的结构	20	酌情扣分			
5	安全气囊系统的故障诊断	15	酌情扣分			
6	合计	100				

项目十四　安全气囊系统故障的自诊断与检修

第一步:布置任务

一、项目要求

①项目名称:安全气囊系统故障的自诊断与检修。

②计划课时:10。

③器材及工具准备:

A. 丰田车系轿车 2 辆;

B. 电脑主机 1 台;

C. 投影机以及相应导线插座。

二、教学主要内容及目的

①熟悉电子控制安全气囊系统的结构组成。

②掌握安全气囊组件的组成。

③能够对故障自诊断系统进行操作。

三、相关知识准备

电子控制安全气囊系统由以下结构组成。

1. 传感器

传感器用于检测、判断汽车发生事故后的撞击信号,以便及时启动安全气囊,并提供足够的电能或机械能点燃气体发生器。

传感器按其功能可分为碰撞传感器和保险传感器两种。碰撞传感器负责检测碰撞的激烈程度。如果汽车以 40 km/h 的车速撞到一辆停放的同样大小的汽车上,或以不低于 20 km/h 的车速迎面撞到一个不可变形的固定障碍物上,碰撞传感器便会动作,接通搭铁回路。保险传感器,也称触发传感器,其闭合的减速度要稍小一些,起保险作用,防止因碰撞传感器短路而造成误膨开。

2. 安全气囊组件

气囊组件主要由气体发生器、点火器、气囊、饰盖和底板组成。驾驶员侧气囊组件位于方向盘中心处,乘客侧气囊组件位于仪表板右侧手套盒的上方。

1)气体发生器

气体发生器又称充气器,用于在点火器引爆点火剂时产生气体向气囊充气,使气囊膨开。气体发生器用专用螺栓和专用螺母固定在气囊支架上,装配时只能使用专用工具。气体发生器由上盖、下盖、充气剂(片状叠氮化钠)和金属滤网组成,如图 14.1 所示。

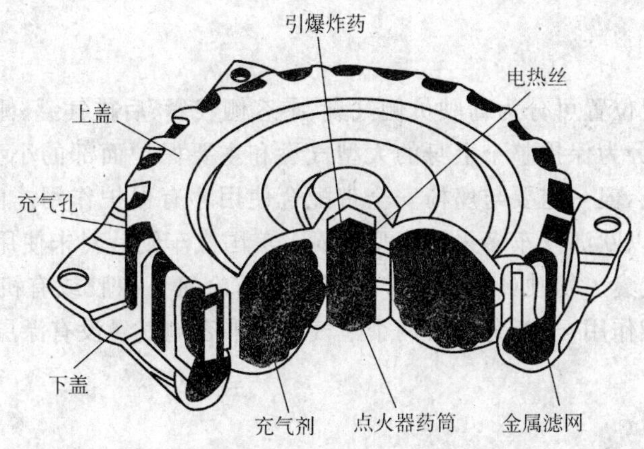

图 14.1　气体发生器

上盖有若干个充气孔，充气孔有长方孔和圆孔两种。下盖有安装孔，以便将气体发生器安装到气囊支架上。上盖与下盖用冷压工艺压装成一体，壳体内装充气剂、滤网和点火器。金属滤网安装在气体发生器的内表面，用来过滤充气剂和点火剂燃烧后的渣粒。目前，大多数气体发生器都是利用热效反应产生氮气而充入气囊的。在点火器引爆点火剂的瞬间，点火剂会产生大量热量，叠氮化钠受热立即分解释放氮气，并从充气孔充入气囊。

2)点火器

点火器外包铝箔，安装在气体发生器内部中央位置，其分解图如图 14.2 所示。

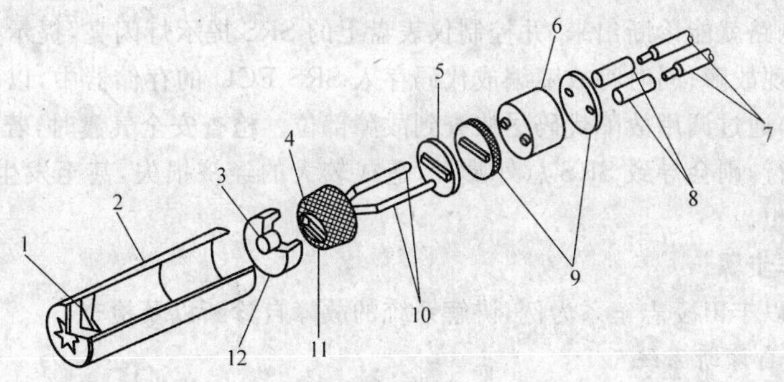

图 14.2　点火器分解图

1—引爆炸药；2—药筒；3—引药；4—电热丝；5—陶瓷片；6—永久磁铁；
7—引出导线；8—绝缘套管；9—绝缘垫片；10—电极；11—电热头；12—药托

点火剂包括引爆炸药和引药，引出导线与气囊连接器插头连接，连接器中设有短路片(铜质弹簧片)。当连接器插头拔下或插头与连接器未完全结合时，短路片将两根引线短接，防止静电或导电将电热丝电路接通而造成气囊误膨开。当 SRS ECU 发出点火指令时，电热丝电路接通，电热丝迅速红热引爆引药；引爆炸药瞬间爆炸产生热量,药筒内温度和压力急剧升高并冲破药筒,使充气剂受热分解释放氮气充入气囊。

3)气囊

气囊按布置位置可分为驾驶员侧气囊、乘客侧气囊、后排气囊、侧面气囊、顶部气囊等;按大小可分为保护整个上身的大型气囊和主要保护面部的小型护面气囊。护面气囊成本较低,但一定要与座椅安全带配合使用才有保护作用。由于欧洲车普遍使用安全带,所以欧洲汽车多采用小型气囊。美国汽车则针对未使用安全带设计,所以采用了大型气囊。驾驶员侧气囊多采用尼龙布涂氯丁橡胶或有机硅制成,橡胶涂层起密封和引燃作用、气囊背面有两个泄气孔。乘客侧气囊没有涂层,靠尼龙布本身的孔隙泄气。

4)饰盖

饰盖是气囊组件的盖板,上面模制有撕缝,以便气囊能冲破饰盖膨开。

5)底板

气囊和充气器装在底板上,底板装在方向盘或车身上,气囊膨开时,底板承受气囊的反力。

3. 安全气囊计算机

安全气囊计算机主要由安全气囊逻辑模块、信号处理电路、备用电源电路、保护电路和稳压电路等组成,保险传感器一般与 SRS ECU 一起被制作在 SRS 控制组件中。

安全气囊系统是一个可靠性要求极高的控制系统,在 SRS EUC 中设计有自诊断系统;在气囊系统电路中,还设计有相应的检测机构。安全气囊系统一旦发生故障,自诊断电路就能诊断出来,并控制仪表盘上的 SRS 提示灯闪亮,提示驾驶员安全气囊系统出现故障;同时将故障编成代码存入 SRS ECU 的存储器中,以便检查安全气囊系统时,通过调用故障代码尽快查到故障部位。检查安全气囊时,若不按正确的操作规程进行,则会导致 SRS 意外膨开,造成较大的经济损失,甚至发生严重事故,后果不堪设想。

四、操作步骤

本课程以丰田凌志车系为例,讲解系统的故障自诊断以及检查。

1. 故障自诊断系统

1)故障码的读取

丰田汽车安全气囊系统的故障码,可用一根跨接线跨接诊断连接器上的 T_c、E_1 两个端子,通过仪表板上的 SRS 提示灯闪烁规律读取。

①检查 SRS 提示灯。将点火开关转到 ON 或 ACC 位置,如 SRS 提示灯亮 6 s 后熄灭,说明 SRS 提示灯及其线路正常,可以读取故障码。若 SRS 提示灯不亮,说明指示灯或其线路有故障,应检修后才能读取故障码。

②将点火开关转到 ON 或 ACC 位置,并等待 20 s 以上。

③用跨接线将 TDCL 诊断连接器的 T_c、E_1 两个端子短接。

④根据仪表板上的 SRS 提示灯闪烁情况读取故障码，故障码的闪烁规律如图 14.3 所示。

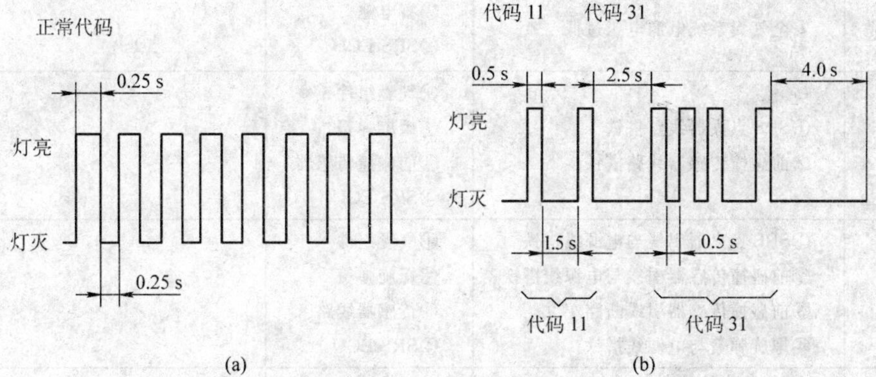

图 14.3　故障码的闪烁

(a)正常码；(b)故障码

若安全气囊系统功能正常，则仪表板上的 SRS 提示灯 1 s 闪烁两次，每次灯亮与灯灭时间均为 0.25 s(高电平时灯亮，低电平时灯灭)；若安全气囊系统有故障，SRS 提示灯闪烁显示故障码，故障码为两位数字，SRS 提示灯先显示十位数字，后显示个位数字。同一数字灯亮与灯灭时间均为 0.5 s，十位数字与个位数字之间间隔为 1.5 s。若有多个故障码，则故障码与故障码之间间隔为 2.5 s，并按由小到大的顺序显示故障码。故障代码全部输出后，间隔 4 s 再重复显示。

当点火开关接通 ON 或 ACC 位置后，SRS 提示灯一直亮，读取故障码时显示代码又正常，说明蓄电池电压过低或 SRS ECU 的备用电源电压过低。SRS ECU 设计时未将此故障编成代码存入存储器。当电源电压恢复正常后约 10 s，SRS 提示灯自动熄灭。当 SRS 提示灯线路断路时不能显示故障码，所以在断路故障排除之前，SRS 提示灯无法显示故障码。

当安全气囊系统发生故障时，SRS ECU 将故障编成代码 11 至 31 存入存储器中。如果 SRS 提示灯显示出表 14.1 的代码，说明 SRS ECU 有故障。

2)故障码表

故障码见表 14.1。

3)清除故障码

每当排除故障后，必须清除故障码，并在清除故障码之后，再次读取故障码，确认故障码已经全部清除。安全气囊系统故障码的清除方法与其他电控系统故障码的清除方法有所不同。当故障码 11 至 31 代表的故障被排除并清除故障码之后，SRS ECU 将代码 41 存入存储器中，使 SRS 提示灯一直发亮，直到代码 41 被清除后，SRS 提示灯才恢复正常显示。因此，清除安全气囊系统的故障码需要分两步进行。

表 14.1 丰田车系安全气囊系统故障码

故障码	故障原因	故障部位	提示灯状态
正常	安全气囊系统正常		OFF
正常	安全气囊系统电源电压过低	①蓄电池 ②SRS ECU	ON
11	①SRS 点火器线路搭铁 ②前碰撞传感器线路搭铁	①气囊组件 ②螺旋弹簧 ③前碰撞传感器 ④SRS ECU	ON
12	①SRS 点火器引线与电源线搭铁 ②前碰撞传感器引线与电源线搭铁 ③前碰撞传感器引线断路 ④螺旋弹簧与电源线搭铁	①气囊组件 ②螺旋弹簧 ③传感器线路 ④SRS ECU	ON
13	SRS 点火器线路短路	①气囊点火器 ②螺旋弹簧 ③SRS ECU	ON
14	SRS 点火器线路断路	①气囊点火器 ②螺旋弹簧 ③SRS ECU	ON
15	前碰撞传感器线路断路	①气囊系统线束 ②前碰撞传感器 ③SRS ECU	ON
22	SRS 提示灯线路断路	①气囊系统线束 ②SRS 提示灯 ③SRS ECU	ON
31	①SRS 备用电源失效 ②SRS ECU 故障	SRS ECU	ON
41	SRS ECU 曾记忆过故障码	SRS ECU	ON

(1)清除代码 41 以外的故障码

关闭点火开关,拔下熔断器盒内的 ECU—B 熔断器或拆下蓄电池负极电缆 10 s 或更长时间后,代码 41 以外的故障码即可被清除。

清除代码 41 以外的故障码时要注意以下事项。

在清除故障码后接上蓄电池负极电缆时,必须关闭点火开关。若点火开关处于接通状态,会导致诊断系统工作失常。拆卸蓄电池负极电缆清除故障码之前,应先将音响和防盗等系统的密码记录下来。否则,蓄电池负极电缆端子拆下后,音响和防盗等系统及时钟存储的内容将会丢失。

(2)清除代码 41

安全气囊系统的代码 41 必须采用特定程序才能清除：取两根跨接线，将其分别与 TDCL 诊断连接器的 T_c、AB 端子连接（如图 14.4 所示），接通点火开关并等待 6 s 以上。

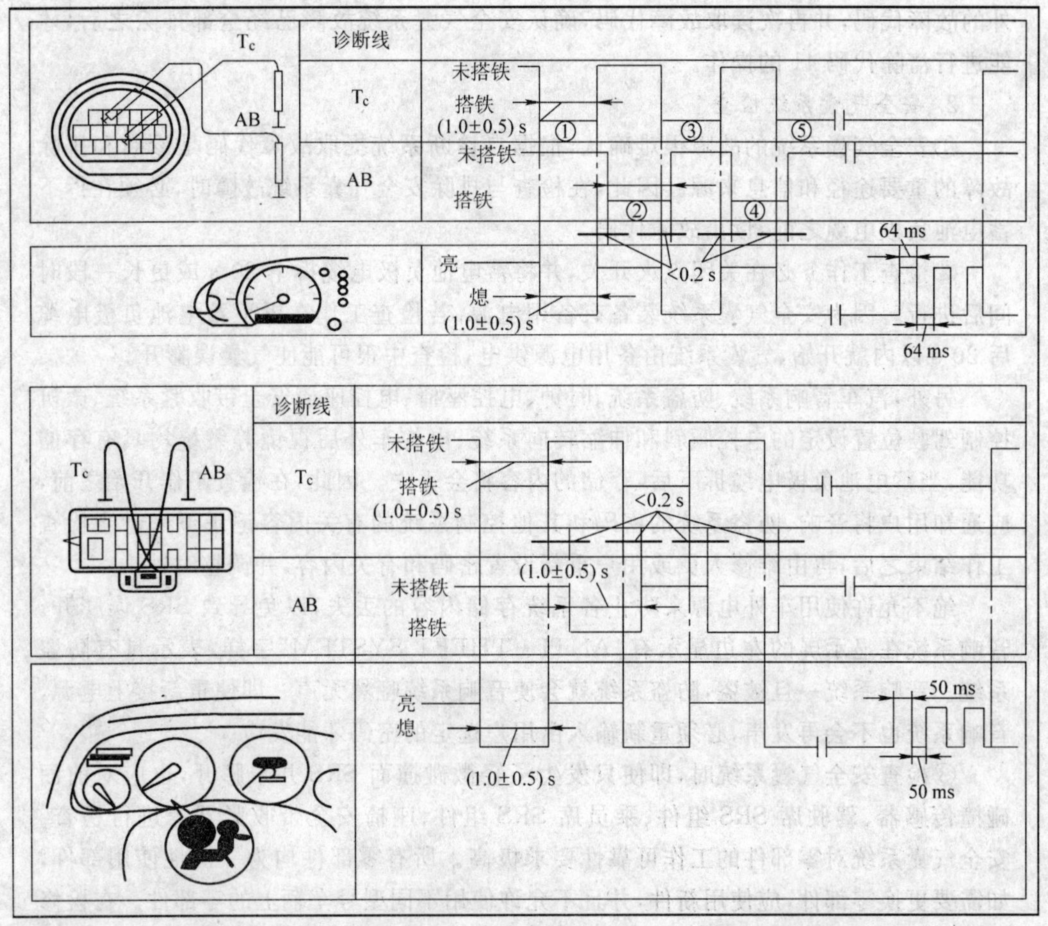

图 14.4　清除代码 41

①将连接 T_c 端子的跨接线端子搭铁，维持搭铁约（1.0±0.5）s，然后离开搭铁部位，并在端子离开搭铁部位后 0.2 s 内，将连接 AB 端子的跨接线端子搭铁（1.0±0.5）s；②将 AB 端子离开搭铁部位之前 0.2 s 内，将 T_c 端子第二次搭铁（1.0±0.5）s；③将 T_c 端子第二次离开搭铁部位之后 0.2 s 内，将 AB 端子第二次搭铁（1.0±0.5）s；④将 AB 端子第二次离开搭铁部位之前 0.2 s 内，将端子 T_c 第三次搭铁；⑤将 T_c 端子第三次搭铁 0.2 s 内，将 AB 端子离开搭铁部位，并将 T_c 端子保持搭铁、AB 端子保持离开搭铁部位，直到数秒钟之后，SRS 提示灯以亮 64 ms、灭 64 ms 的闪烁周期闪烁时，代码 41 即被清除，此时再将 T_c 端子离开搭铁部位。

清除代码 41 时要注意以下事项。

清除代码 41 时，必须按照上述规定的时间间隔进行操作，才能清除代码 41，否则当时间间隔超出规定时，代码 41 就不能清除。上述方法在清除代码 41 的同时，其他故障代码也将立即被清除。因此，只有在调取故障代码、排除故障、清除代码 41 以外的故障代码，并再次读取故障代码，确认安全气囊系统故障已经全部排除之后，才能进行清除代码 41 的操作。

2. 安全气囊系统检查

①安全气囊系统的故障很难确认，根据自诊断系统提取故障代码是诊断和排除故障的重要途径和信息来源。因此，在检查与排除安全气囊系统故障时，必须在拆下蓄电池负极电缆之前，读出故障代码。

②检查工作务必在关闭点火开关，并将蓄电池负极电缆拆下 20 s 或更长一段时间后进行。因为安全气囊系统装备有备用电源，若检查工作在拆下蓄电池负极电缆后 20 s 以内就开始，气囊系统由备用电源供电，检查中很可能使气囊误膨开。

另外，汽车音响系统、防盗系统、时钟、电控座椅、电控座椅安全带收紧系统、微机控制驾驶位置设定的电控倾斜和伸缩转向系统、电控车外后视镜等系统均具有存储功能，当蓄电池负极电缆拆下后，存储的内容将会丢失。因此，在检查工作开始之前，应通知用户将音响、防盗系统的密码和其他控制系统的有关内容记录下来。当检查工作结束之后，再由维修人员或用户重新设置密码和有关内容，并调整时钟。

绝不允许使用车外电源来防止各系统存储内容的丢失，以免导致 SRS 误膨开。音响系统在显示屏的左边显示有“ANTI - THEFT SYSTEM”字样，表示具有防盗系统。音响系统一旦被盗，防盗系统就会使音响系统哑然无声。即使重新接上电源，音响系统也不会再发声，必须重新输入由用户选定的密码才能发声。

③检查安全气囊系统时，即使只发生了轻微碰撞而 SRS 并未膨开，也应对前面碰撞传感器、驾驶席 SRS 组件、乘员席 SRS 组件、座椅安全带收紧器等进行检查。安全气囊系统对零部件的工作可靠性要求极高。所有零部件均为一次性使用部件，如需要更换零部件，应使用新件，并且不允许使用不同型号车辆上的零部件。在检修汽车其他零部件时，为预防对安全气囊系统的传感器产生冲击，应在检修工作开始前，将碰撞传感器拆下，以免 SRS 误膨开。

安全气囊系统的防护碰撞传感器采用了水银开关式传感器。由于水银蒸汽有剧毒，传感器更换之后，换下的旧传感器不能随意毁掉，应按有害废物处理。

当前碰撞传感器、SRS ECU 或 SRS 组件摔碰之后或其壳体、支架、连接器有裂纹时，应换用新件。

前碰撞传感器、SRS ECU 或 SRS 组件不得暴晒或接近火源。绝对不能检测点火器的电阻，否则有可能导致气囊引爆。检测其他部件电阻和安全气囊系统故障时，必须使用高阻抗万用表，即最好使用数字式万用表，如图 14.5 所示。如果使用指针式万用表，由于其阻抗小，表内电源的电压加到气囊系统上就有可能引爆气囊。

④当安全气囊系统的检查工作完成之后，必须对 SRS 提示灯进行检查。

当点火开关转到接通或辅助位置时，SRS 提示灯亮 6 s 左右后自动熄灭，说明安全气囊系统正常。

⑤拆卸或搬运 SRS 组件时，气囊装饰盖一面应当朝上，不得将 SRS 组件叠放，以防气囊误膨开造成严重事故。

⑥报废汽车整车或报废 SRS 组件时，应在报废之前先用专用维修工具 SST 将气囊引爆，如图 14.6 所示。引爆工作应在远离电场干扰的地方进行，以免由于电场过强而导致气囊误爆。

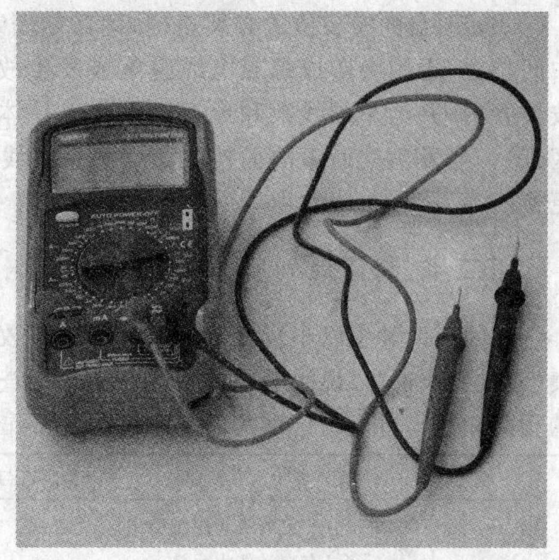

图 14.5　数字式万用表

⑦汽车已发生过碰撞、气囊一旦引爆膨开后，SRS ECU 就不能继续使用。

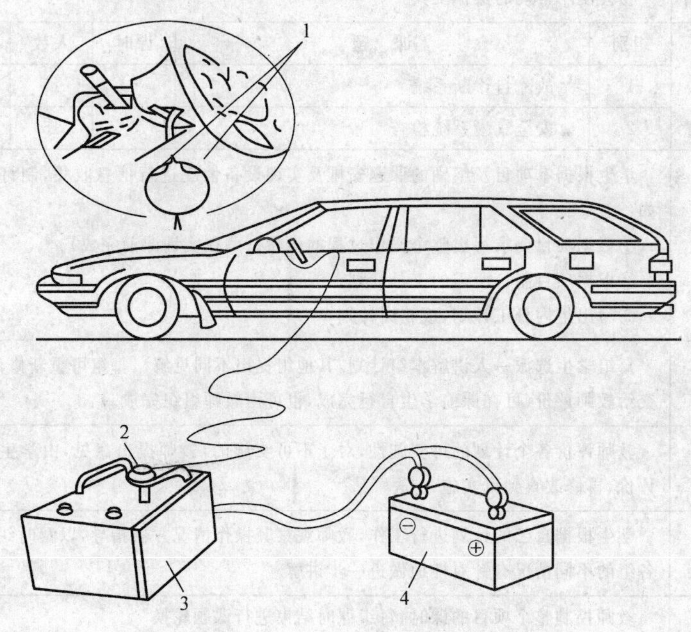

图 14.6　车上引爆气囊的方法

1—接线夹(黄色)；2—引爆开关；3—引爆器；4—蓄电池

⑧当连接或拆下 SRS ECU 上的连接器插头时，因为保护碰撞传感器与 ECU 组件在一起，所以应在 ECU 组件安装固定后，再进行连接或拆卸，否则保险传感器就起不到保护作用。

⑨转向盘的安装位置必须正确，即必须安装在转向柱管上，并使螺旋弹簧位于中间位置，否则会造成螺旋电缆脱落或发生故障。安全气囊系统线束套装在黄色波纹管内，并与车颈线束和地板线束连成一体（所有线束连接器均为黄色，以便于区别）。当发生交通事故而使安全气囊系统线束脱开或连接器破碎时，都应修理或更换新品。

第二步：制订计划

教师辅助学生以小组方式，根据课时、人数及教学任务，由学生自己进行信息收集（通过专业书籍、说明书或网络等各种途径查找相关知识资料，复习或学习本项目的相关知识），讨论制订出本项目中课题的工作计划。例如：

<table>
<tr><td rowspan="2">受众分析</td><td>年级</td><td>三年级一学期</td><td>专业</td><td colspan="2">汽车制造与装配</td><td>人数</td><td>30人/班</td></tr>
<tr><td>学生知识结构</td><td colspan="6">①有一定的逻辑思维能力；
②具有自学能力；
③掌握了安全气囊系统自诊断及检查的操作规程及注意事项；
④掌握了安全气囊系统组件的相关理论知识；
⑤会使用常规的操作工具</td></tr>
<tr><td rowspan="8">制订计划</td><td rowspan="3">教师布置课题分组</td><td>组别</td><td colspan="2">课　题</td><td>课时</td><td>人数</td><td>组长</td></tr>
<tr><td>1</td><td colspan="2">故障自诊断系统</td><td>5</td><td>15</td><td></td></tr>
<tr><td>2</td><td colspan="2">安全气囊系统检查</td><td>5</td><td>15</td><td></td></tr>
<tr><td>学生计划</td><td colspan="6">学生根据本项目及组别的课题安排及实训设备情况进行信息收集，制订工作计划。例如：
①根据项目要求写出整个操作过程的步骤；（可在实训课前完成）
②根据项目制订所需的工具计划；
③写出组内分工计划，或轮岗计划</td></tr>
<tr><td>学生展示</td><td colspan="6">每组学生选派一人讲解本组计划，其他组提出不同见解。每组可重新修订计划，定稿后交给教师评价（可在课前学生自行完成，也可由教师组织完成。）</td></tr>
<tr><td>教师辅助</td><td colspan="6">教师评价各个计划的可实施性，对于不可实施的，教师提出意见，由学生进行修改。再评价、再修改直到可实施</td></tr>
<tr><td>实操指导</td><td colspan="6">学生根据自己的计划进行工作，教师观察其操作情况并做指导，以及时纠正错误。根据各组的不同情况有针对性地做进一步讲解</td></tr>
<tr><td>岗位轮换</td><td colspan="6">教师控制整个项目的课时，每组课时结束进行课题轮换</td></tr>
<tr><td>备注</td><td colspan="6"></td></tr>
</table>

第三步：实施课题任务

学生根据计划完成自己的任务，教师观看、指导。

第一组：故障自诊断系统。

操作步骤如下：

①读取故障码；

②查故障码表；

③清除故障码。

第二组：安全气囊系统检查。

操作步骤如下。

①在检查与排除安全气囊系统故障时，必须在拆下蓄电池负极电缆之前，读出故障代码；

②检查工作务必在关闭点火开关并将蓄电池负极电缆拆下 20 s 或更长一段时间后进行；

③发生了轻微碰撞而 SRS 并未膨开，也应对前面碰撞传感器、驾驶席 SRS 组件、乘员席 SRS 组件、座椅安全带收紧器等进行检查；

④前碰撞传感器、SRS ECU 或 SRS 组件碰撞之后或其壳体、支架、连接器有裂纹时，应换用新件。

⑤安全气囊系统检查工作完成后，必须对 SRS 提示灯进行检查。

第四步：检查实训过程

①教师根据实训内容进行演示教学。操作步骤讲解。学生进行实践操作时，教师巡视检查学生操作情况，及时指出学生的错误操作或注意事项。

②学生在操作时，同组成员观察操作情况并互相提醒，操作的学生可随时查看工作计划或工作页，做到自我检查，保证操作的规范性和准确性。

③学生计划完成后，首先要自检，小组成员对本次任务进行评价；然后教师检查学生的完成效果。

第五步：评价总结

一、自我评价

学生自我评价，同时与组内同学讨论，交流心得。

二、课题考核

1. 考核要求

①按正确的操作步骤进行检测。

②操作时应能进行相应的讲解，报出所进行的项目和测量的结果。

2. 考核时间

120 min。

1)实训考核(60 min)

序号	考核内容	配分	评分标准	考核记录	扣分	得分
1	进入自诊断系统	10	酌情扣分			
2	读取故障码	20	酌情扣分			
3	查故障代码表	10	酌情扣分			
4	清除 41 以外的故障码	20	酌情扣分			
5	清除故障码 41	40	酌情扣分			
6	合计	100				

2)理论考试(60 min)

序号	考核内容	配分	评分标准	考核记录	扣分	得分
1	安全气囊系统传感器的作用	30	酌情扣分			
2	气体发生器的结构	50	酌情扣分			
3	气囊的分类	20	酌情扣分			
4	分数合计	100				

项目十五　电控巡航系统的工作过程、操作以及故障诊断

第一步:布置任务

一、项目要求

①项目名称:电子控制巡航系统的工作过程、操作以及故障诊断。

②计划课时:10。

③器材及工具准备:

A. 投影机、主机以及相应电线;

B. 带有电子控制巡航系统的轿车 2 辆。

二、教学主要内容及目的

①了解电子控制巡航系统的发展以及功能。

②知道电子控制巡航系统的基本组成以及组成部分的工作原理。

③知道电子控制巡航系统是如何操作的。

④可以对电子控制巡航的故障进行诊断。

三、相关知识准备

(一)巡航控制系统的功能

巡航控制系统是一种利用电子控制技术保持汽车自动等速行驶的系统。当汽车在高速公路上长时间行驶时,接通巡航控制主开关,设定希望的车速,巡航控制系统将根据汽车行驶阻力的变化,自动增大或减小节气门开度,使汽车按设定的车速等速行驶,驾驶员不必操纵加速踏板。因此,巡航控制系统可以减轻驾驶员的疲劳。由于巡航控制系统能够使汽车自动地以等速行驶,避免了驾驶员操纵加速踏板使汽车行驶车速反复变化的情况。因而,使发动机的运行工况变化平稳,改善了汽车的燃料经济性和发动机的排放性能。

(二)巡航控制系统的发展

汽车巡航控制系统的发展始于 20 世纪 60 年代,经历了机械巡航控制系统、晶体管巡航控制系统、模拟微型计算机巡航控制系统和数字微型计算机巡航控制系统 4 个发展阶段。自 80 年代初开始,数字微型计算机巡航控制系统得到广泛应用。数字微型计算机巡航控制系统的控制过程如图 15.1 所示。

驾驶员操纵巡航控制开关,将车速设定、减速、恢复、加速、取消等命令输入计算机。当驾驶员通过巡航控制开关输入了设定命令时,计算机便记忆此时车速传感器输入计算机的车速,并按该车速对汽车进行等速行驶控制。汽车在巡航行驶过程中,

不断通过比较电路将实际车速与设定车速进行比较,计算出实际车速与设定车速的差值;然后通过补偿电路输出对执行部件的命令,执行部件控制发动机节气门开大或关小,使实际车速接近设定车速。

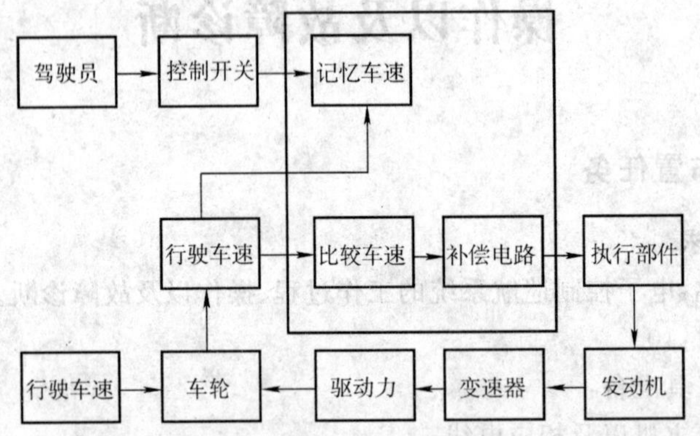

图 15.1 数字微型计算机巡航控制系统的控制过程

(三)巡航控制系统的组成与原理

巡航控制系统由巡航控制开关、传感器、巡航控制 ECU、执行器等组成。巡航控制开关和传感器将信号送至 ECU,ECU 根据这些信号计算出节气门的合理开度,并给执行器发出信号,调节节气门的开度,保持汽车按设定的车速等速行驶。

1. 巡航控制开关

巡航控制开关一般采用手柄式开关,安装于转向盘下方,如图 15.2 所示。

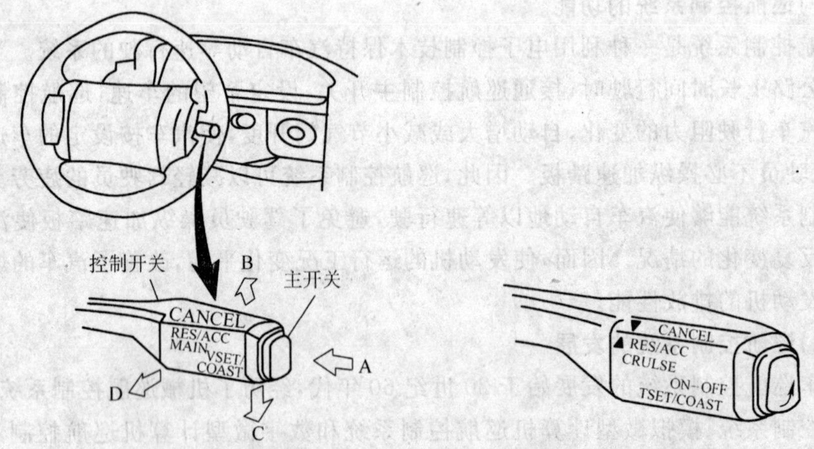

图 15.2 巡航控制开关

也有的采用按键式开关,装在转向盘上。以丰田车系为例,巡航控制开关包括主开关(MAIN)、设定/减速开关(SET/COAST)、恢复/加速开关(RES/ACC)和取消(CANCEL)开关。

1)主开关

主开关(MAIN)是巡航控制系统的主电源开关,位于巡航控制开关的端部,为按键式开关,如图 15.2 所示。按下主开关,电源接通;再按一次主开关,电源断开。当主开关接通时,如果将点火开关关闭,主开关也关闭。当再次接通点火开关时,巡航主开关并不接通,而保持关闭。

2)控制开关

手柄式巡航控制开关一般由设定/减速开关、恢复/加速开关和取消开关组成。该开关为自动回位型。当向下推控制开关时(图 15.2 中的方向 C),设定/减速开关接通,放松控制开关时,开关自动回到原始位置;当向上推控制开关时(图 15.2 中的方向 B),恢复/加速开关接通;当向后拉控制开关时(图 15.2 中的方向 D),取消开关接通。

3)退出巡航控制开关

退出巡航控制开关是指开关接通后能使巡航系统自动退出工作的开关。退出巡航控制开关除取消开关外,还包括制动灯开关、驻车制动开关、离合器开关(手动变速器)和空挡启动开关(自动变速器)。

(1)制动灯开关

制动灯开关由常闭和常开两个开关组成,如图 15.3 所示。开关 A 为常开开关,踏下制动踏板时开关闭合,将制动灯的电源电路接通,制动灯点亮。同时,电源电压经开关 A 加在巡航控制 ECU 上,将制动信号输入巡航控制 ECU,巡航控制 ECU 取消巡航控制系统的控制,巡航系统停止工作。开关 B 为常闭开关,当踏下制动踏板时,开关 B 断开,直接切断巡航控制 ECU 对巡航控制执行器的控制电路,确保巡航系统停止工作。

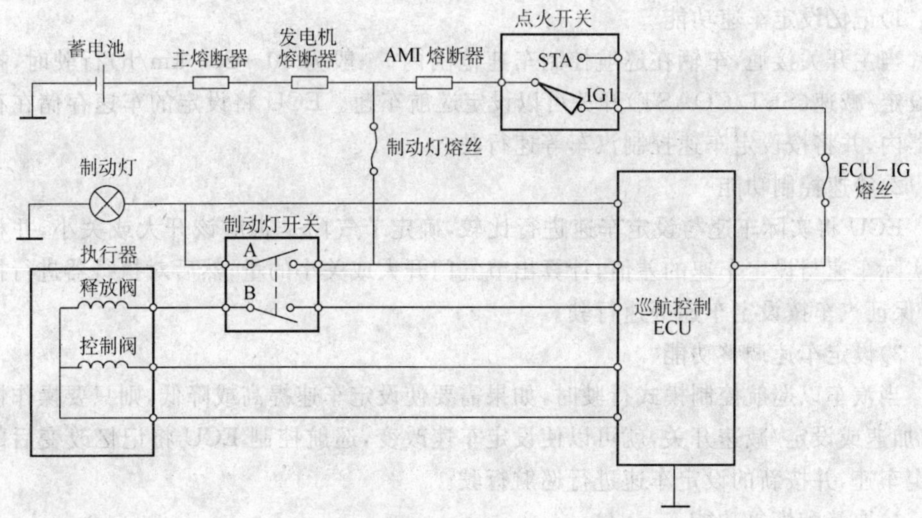

图 15.3　制动灯开关电路

(2)驻车制动开关

当使用驻车制动器时,驻车制动开关接通,将驻车制动信号送至巡航控制 ECU,巡航控制 ECU 将取消巡航系统的工作。同时,驻车制动灯点亮。

(3)离合器开关

对于装有手动变速器的汽车,当踏下离合器踏板时,离合器开关接通,将取消信号送至巡航控制 ECU,巡航控制 ECU 将取消巡航控制系统的工作。

(4)空挡启动开关

对于装有自动变速器的汽车,当将变速杆移至 N(空挡)位时,空挡启动开关接通,将取消信号送至巡航控制 ECU,巡航控制 ECU 将取消巡航控制系统的工作。

2. 传感器

1)车速传感器

车速传感器的类型有电磁式、霍尔式、光电式、舌簧开关式等。车速传感器信号可同时用于发动机控制、自动变速器控制和巡航控制等。对于巡航控制系统而言,车速传感器信号的作用是巡航控制 ECU 用于巡航车速的设定及将实际车速与设定车速进行比较,以便实现等速控制。

2)节气门位置传感器

节气门位置传感器信号可同时用于发动机控制、自动变速器控制和巡航控制等。对于巡航控制系统而言,节气门位置传感器信号的作用是巡航控制 ECU 用于计算输出与节气门开度的关系,以确定输出量的大小。

3. 巡航控制 ECU

巡航控制 ECU 接收来自巡航控制开关、车速传感器信号和其他的开关信号,按照存储的程序对巡航系统进行控制。巡航控制 ECU 有以下控制功能。

1)记忆设定车速功能

当主开关接通,车辆在巡航控制车速范围内(一般为 40～200 km/h)行驶时,操作设定/减速(SET/COAST)开关可以设定巡航车速。ECU 将设定的车速存储在存储器内,并将按设定车速控制汽车等速行驶。

2)等速控制功能

ECU 将实际车速与设定车速进行比较,确定节气门是否应该开大或关小,并根据实际车速与设定车速的差值,计算出节气门开大或关小的量;然后对执行器进行控制,保证汽车按设定车速等速行驶。

3)设定车速调整功能

当汽车以巡航控制模式行驶时,如果需要使设定车速提高或降低,则只要操作恢复/加速或设定/减速开关,就可以使设定车速改变,巡航控制 ECU 将记忆改变后的设定车速,并按新的设定车速进行巡航行驶。

4)取消和恢复功能

当汽车以巡航控制模式行驶时,如果接通取消开关或接通任何一个其他的退出巡航控制开关，巡航控制 ECU 将控制执行器使巡航控制取消。取消巡航控制以后，要想重新按巡航控制模式行驶，只要操作恢复/加速开关，巡航控制 ECU 即可恢复原来的巡航控制行驶。

5)车速下限控制功能

车速下限是巡航控制所能设定的最低车速。不同的车型稍有不同，一般为 40 km/h。车速低于 40 km/h 时，巡航车速不能被设定，巡航系统不能工作。当巡航行驶时，如果车速降至 40 km/h 以下，则巡航控制将自动取消，且巡航 ECU 存储器内存储的设定车速将被清除。

6)车速上限控制功能

车速上限是巡航控制所能设定的最高车速，一般为 200 km/h。车速超过该数值，巡航控制车速不能被设定。汽车在巡航控制模式行驶时，如果操作加速开关，车速也不能加速至 200 km/h 以上。

7)安全电磁离合器控制功能

当汽车以巡航控制模式行驶时，如果因为下坡汽车车速高于设定车速 15 km/h，则巡航控制 ECU 将切断巡航控制系统的安全电磁离合器使车速降低。当车速降低至比设定车速高出不足 10 km/h 时，安全电磁离合器再次接通，恢复巡航控制。

8)自动取消功能

当汽车以巡航控制模式行驶时，若出现执行器驱动电流过大，伺服电动机始终朝节气门打开的方向旋转时，则巡航控制 ECU 存储器内存储的设定车速将被清除，巡航控制模式将被取消，主开关同时关闭。此外，当巡航控制 ECU 诊断出系统有故障时，将会使巡航系统自动停止工作。

9)自动变速器控制功能

当具有自动变速器的汽车以巡航控制模式行驶时，如果上坡时变速器在超速挡，车速降至比设定车速低 4 km/h 以上时，巡航控制 ECU 将超速挡取消信号送至自动变速器 ECU，取消自动变速器超速挡。当车速升至比设定车速低 2 km/h 时，巡航控制 ECU 将超速挡恢复信号送至自动变速器 ECU，恢复自动变速器超速挡。

10)诊断功能

如果巡航控制系统发生故障，巡航控制 ECU 的自诊断系统能够诊断出故障，并使仪表板上的巡航指示灯闪烁，以便提醒驾驶员。同时，巡航控制 ECU 将故障码存储在存储器内。通过巡航控制指示灯的闪烁或使用故障诊断仪可以读取故障码。

4. 执行器

巡航控制系统的执行器由 ECU 控制，根据 ECU 的控制信号控制节气门的开度，以保持车速恒定。巡航控制系统执行器多用真空驱动型执行器。

真空驱动型执行器依靠真空力驱动节气门。真空源有两种取得方式，一种是仅从发动机进气歧管取得；另一种是从发动机进气歧管和真空泵取得，如图 15.4 所示。

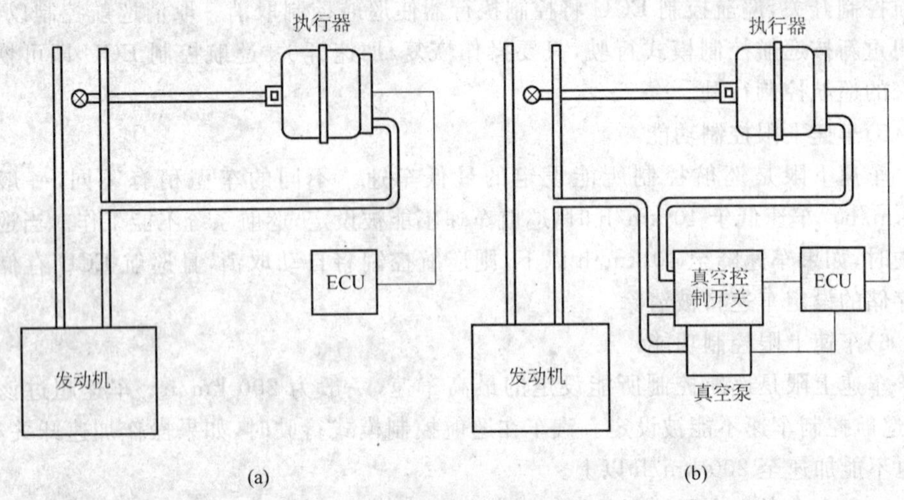

图 15.4　真空驱动型执行器的控制方法

(a)从进气歧管取得真空源;(b)从进气歧管和真空取得真空源

四、操作步骤

本课程采用的是凌志轿车(如图 15.5 所示)。凌志汽车巡航控制系统为数字微型计算机控制型,巡航控制开关为手柄型,执行器为电动机驱动型。

图 15.5　凌志轿车

(一)巡航控制系统的使用方法

1. 设定巡航车速

巡航系统工作时的最低车速一般为 40 km/h,这是为了防止汽车转弯时,由于巡航行驶而发生危险。设定巡航车速的方法是:按下巡航控制主开关,踏下加速踏板使汽车加速。当达到希望的车速时(必须高于巡航系统工作时的最低车速),将巡航控制开关推至设定/减速位置后放松;开关放松时的车速即被巡航控制 ECU 记忆为设定车速,巡航系统开始工作。此时驾驶员可以放松加速踏板,巡航系统控制节气门按设定车速等速行驶。

2. 加速

当汽车巡航行驶时,如果要使巡航设定车速提高,应将巡航控制开关置于恢复/加速位置保持不动,汽车将逐渐加速。当汽车加速至所希望的车速时,放松巡航控制开关,汽车将按新的较高的设定车速等速行驶。当汽车巡航行驶时,如果需要使汽车临时加速(如超车),则只需踏下加速踏板汽车即可加速,放松加速踏板后,汽车仍按原来设定的车速巡航行驶。

3. 减速

当汽车巡航行驶时，如果要使巡航设定车速降低，应将巡航控制开关置于设定/减速位置保持不动，汽车将逐渐减速。当汽车减速至所希望的车速时，放松巡航控制开关，汽车将按新的较低的设定车速等速行驶。

4. 点动升速和点动降速

当汽车以巡航控制模式行驶时，如果需要对巡航设定车速进行微调时，只要点动一次恢复/加速开关（接通恢复/加速开关后立即放松开关，时间不超过 0.6 s），巡航设定车速就升高约 1.6 km/h；只要点动一次设定/减速开关，车速就降低约 1.6 km/h。

5. 取消巡航控制

取消巡航控制有几种方式可以选择：一是将巡航控制开关的取消开关接通然后释放；二是踏下制动踏板；三是对于装有手动变速器的汽车可以踏下离合器踏板；四是对于装有自动变速器的汽车将变速杆置于空挡位置。

6. 恢复巡航行驶方式

如果通过上述任何一种方式取消了巡航控制，要恢复巡航行驶，只要将恢复/加速开关接通然后放松开关，汽车将恢复原来巡航行驶。但如果车速已降低至 40 km/h以下，或实际车速低于设定车速 16 km/h 以上，ECU 将不能恢复巡航行驶。

(二)巡航控制系统的使用注意事项

巡航控制系统使用中应注意以下事项。

①为了保证行车安全，在交通繁忙的道路上或遇到雨、雾、雪天气时，不要使用巡航控制系统。

②为了避免巡航控制系统误工作影响驾驶安全，在不使用巡航控制系统时，应将巡航控制系统的主开关关闭。

③在较陡的坡道上行驶时，不宜使用巡航控制系统。因为较大的坡度会引起发动机的转速变化过大，不利于发动机的正常工作。如果在巡航行驶时遇到较陡的下坡，汽车车速会高出设定车速许多，此时可首先踏下制动踏板使汽车减速，同时也取消了巡航控制，然后将变速器换入低挡，利用发动机的运转阻力控制汽车车速。

④使用巡航控制系统时要注意观察仪表板上的巡航（CRUISE）指示灯是否闪亮。若闪亮说明巡航系统有故障，巡航控制 ECU 将自动停止巡航系统的工作，应待故障排除后再使用巡航控制系统。

⑤巡航控制 ECU 与汽车上的其他控制系统的 ECU 一样，对于电磁环境、湿度和机械振动等有较高的要求，使用时应注意以下事项。

A. 保持汽车发电机及其电压调节器处于良好的技术状态，为 ECU 提供稳定的电源电压。如果电源电压波动较大，将影响 ECU 的工作，甚至损坏 ECU。因此，要经常检查发电机及其电压调节器的工作状态，如果有故障应及时排除。

B. 保持蓄电池的可靠连接。因为蓄电池能够吸收瞬时脉冲电压，如果蓄电池断开连接，系统内的瞬时脉冲电压就会加到ECU上使其损坏。因此，要经常检查蓄电池的连接情况，蓄电池负极电缆的搭铁位置不得随意改动。

C. 在点火开关处于接通位置时，不要拆装系统中的电器元件和线束插接器。若必须拆装系统中的电器元件和线束插接器时，则应先关闭点火开关。

D. 在对ECU插接器进行维修时，应保持ECU插接器内的电源线路的接线正确、连接可靠。

E. 用充电机对车上的蓄电池充电时，要在拆下蓄电池电缆线后进行，不可用充电机启动发动机。

（三）巡航控制系统的故障诊断与检修

当巡航控制系统发生故障时，首先应进行直观检查。检查巡航控制系统的线束及插接器是否完好，部件是否丢失或损坏等。直观检查后一般应进行故障自诊断，其内容包括巡航控制系统状态指示的检查、读取故障码、输入信号检查、取消信号检查等。在进行故障自诊断时，如果读取到故障码，应进行故障码诊断，以进一步确定故障部位；如果没有读取到故障码，可按照故障征兆进行故障诊断。当确定故障的具体部位后，对有故障的电路或部件进行修理或更换。

（四）故障自诊断

1. 巡航控制系统状态指示的检查

仪表板上的CRUISE指示灯的闪烁情况可以指示巡航控制系统的状态。巡航控制系统状态指示的检查步骤如下。

①接通点火开关。

②接通巡航控制主开关，巡航指示灯应点亮；关闭巡航控制主开关，巡航控制指示灯应熄灭。若指示灯不亮，应检查指示灯和指示灯电路。

③如果巡航控制ECU诊断出系统有故障时，巡航指示灯将闪烁5次，每次闪烁指示灯亮0.5 s，灭1.5 s，并且ECU将故障码存储在存储器内。

2. 读取故障码

①接通点火开关。

②用跨接线将诊断座TDCL中的T_c与E_1端子跨接。

③根据仪表板上的CRUISE指示灯的闪烁情况读取故障码。故障码为两位数，指示灯首先闪烁故障码的十位数，指示灯点亮、熄灭的间隔为0.5 s，显示完十位数后，间隔1.5 s后闪烁个位数，个位数的显示方式与十位数相同。如果有多个故障码，故障码将按从小到大的顺序依次显示。

④如果系统没有存储故障码，则巡航指示灯将以点亮0.25 s、熄灭0.25 s的方式持续闪烁。

⑤完成检查后，拆下T_c与E_1端子之间的跨接线，关闭点火开关。

3. 清除故障码

排除故障后，关闭点火开关，拆下位于发动机室的熔断器/继电器盒内的"DOME"熔断器 10 s 以上，即可清除故障码。装上熔断器，重新读取故障码，应显示正常代码。

第二步：制订计划

教师辅助学生以小组方式，根据课时、人数及教学任务，由学生自己进行信息收集(通过专业书籍、说明书或网络等各种途径查找相关知识资料，复习或学习本项目的相关知识)，讨论制订出本项目中课题的工作计划。例如：

<table>
<tr><td rowspan="2">受众分析</td><td>年级</td><td>三年级一学期</td><td>专业</td><td colspan="2">汽车制造与装配</td><td>人数</td><td>30 人/班</td></tr>
<tr><td>学生知识结构</td><td colspan="6">①有一定的逻辑思维能力；
②具有自学能力；
③掌握了巡航控制系统功能及发展；
④掌握了巡航控制系统的结构与工作原理；
⑤会进行简单的汽车驾驶</td></tr>
<tr><td rowspan="10">制订计划</td><td rowspan="4">教师布置课题分组</td><td>组别</td><td colspan="2">课　题</td><td>课时</td><td>人数</td><td>组长</td></tr>
<tr><td>1</td><td colspan="2">巡航控制系统的使用方法</td><td>4</td><td>10</td><td></td></tr>
<tr><td>2</td><td colspan="2">巡航控制系统的注意事项</td><td>2</td><td>10</td><td></td></tr>
<tr><td>3</td><td colspan="2">巡航控制系统的故障诊断与检修</td><td>4</td><td>10</td><td></td></tr>
<tr><td>学生计划</td><td colspan="6">学生根据本项目及组别的课题安排及实训设备情况进行信息收集，制订工作计划。例如：
①根据项目要求写出整个操作过程的先后步骤；(可在实训课前完成)
②根据项目制订所需的工具计划；
③写出组内分工计划，或轮岗计划</td></tr>
<tr><td>学生展示</td><td colspan="6">每组学生选派一人讲解本组计划，其他组提出不同见解。每组可重新修订计划，定稿后交给教师评价(可在课前学生自行完成，也可由教师组织完成。)</td></tr>
<tr><td>教师辅助</td><td colspan="6">教师评价各个计划的可实施性，对于不可实施的，教题提出意见，由学生进行修改。再评价、再修改直到可实施</td></tr>
<tr><td>实操指导</td><td colspan="6">学生根据自己的计划进行工作，教师观察其操作情况并做指导，以及时纠正错误。根据各组的不同情况有针对性地做进一步讲解</td></tr>
<tr><td>岗位轮换</td><td colspan="6">教师控制整个项目的课时，每组课时结束进行课题轮换</td></tr>
<tr><td>备注</td><td colspan="6"></td></tr>
</table>

第三步：实施课题任务

学生根据计划完成自己的任务，教师观看、指导。

第一组：巡航控制系统的使用方法。

操作步骤如下。

①设定巡航车速。

②加速。

③减速。

④点动升速和点动降速。

⑤取消巡航控制。

⑥恢复巡航行驶。

第二组:巡航控制系统的注意事项。

同学在教室里面查阅老师给的资料。

第三组:巡航控制系统的故障诊断与检修。

操作步骤如下。

①进行直观检查。

②故障自诊断,包括:巡航控制系统状态指示的检查、读取故障码、清除故障码。

第四步:检查实训过程

①教师根据实训内容进行演示教学或操作步骤讲解。学生进行实践操作时,教师巡视检查学生操作情况,及时指出学生的错误操作或注意事项。

②学生在操作时,同组成员观察操作情况并互相提醒,操作的学生可随时查看工作计划或工作页,做到自我检查,保证操作的规范性和准确性。

③学生计划完成后,首先进行自检,小组成员对本次任务进行评价;然后教师检查学生的完成效果。

第五步:评价总结

一、自我评价

学生自我评价,同时与组内同学讨论,交流心得。

二、课题考核

1. 考核要求

①按正确的操作步骤进行检测。

②操作时应能进行相应的讲解,报出所进行的项目和测量的结果。

2. 考核时间

90 min。

1)实训考核(60 min)

序号	考核内容	配分	评分标准	考核记录	扣分	得分
1	设定巡航车速	15	酌情扣分			
2	加速	15	酌情扣分			
3	减速	10	酌情扣分			

续表

序号	考核内容	配分	评分标准	考核记录	扣分	得分
4	点动加速、减速	10	酌情扣分			
5	取消巡航控制	10	酌情扣分			
6	恢复巡航控制	10	酌情扣分			
7	故障码读取清除	30	酌情扣分			
8	分数合计	100				

2)理论考试(30 min)

序号	考核内容	配分	评分标准	考核记录	扣分	得分
1	巡航控制系统的功能	30	酌情扣分			
2	巡航控制 ECU 控制功能	30	酌情扣分			
3	巡航控制系统的组成与原理	40	酌情扣分			
4	分数合计	100				